Combate ao bullying
por meio de princípios e práticas da justiça restaurativa

EDITORA
intersaberes

Combate ao bullying
por meio de princípios e práticas da justiça restaurativa

Elenice da Silva

EDITORA intersaberes

Rua Clara Vendramin, 58 – Mossunguê
CEP 81200-170 – Curitiba – PR – Brasil
Fone: (41) 2106-4170
www.intersaberes.com
editora@editoraintersaberes.com.br

Conselho editorial
 Dr. Ivo José Both (presidente)
 Drª Elena Godoy
 Dr. Nelson Luís Dias
 Dr. Neri dos Santos
 Dr. Ulf Gregor Baranow

Editor-chefe
 Lindsay Azambuja

Editor-assistente
 Ariadne Nunes Wenger

Preparação de originais
 EBM Edições e Revisões

Capa
 Mayra Yoshizawa

Projeto gráfico
 Bruno Palma e Silva

Adaptação de projeto gráfico
 Sílvio Gabriel Spannenberg

Diagramação
 Estúdio Nótua

Iconografia
 Regina Claudia Cruz Prestes

1ª edição, 2017.

Foi feito o depósito legal.

Dados Internacionais de Catalogação na Publicação (CIP)
(Câmara Brasileira do Livro, SP, Brasil)

Silva, Elenice da
 Combate ao bullying por meio de princípios e práticas da justiça restaurativa/Elenice da Silva. Curitiba: InterSaberes, 2017.

 Bibliografia.
 ISBN 978-85-5972-396-0

 1. Bullying 2. Cyberbullying 3. Comportamento agressivo
 4. Conflito interpessoal 5. Convivência 6. Justiça restaurativa
 7. Violência nas escolas I. Título.

17-03950   CDD-370.15

Índices para catálogo sistemático:
1. Bullying: Prevenção, intervenção e resolução: Educação 370.15

Informamos que é de inteira responsabilidade da autora a emissão de conceitos.
Nenhuma parte desta publicação poderá ser reproduzida por qualquer meio ou forma sem a prévia autorização da Editora InterSaberes.
A violação dos direitos autorais é crime estabelecido na Lei n. 9.610/1998 e punido pelo art. 184 do Código Penal.

Sumário

Prefácio, 9

Apresentação, 13

1. Afinal, o que é bullying?, 18

    1.1 Estudos sobre o bullying no Brasil, 20

2. Características do bullying escolar, 26

    2.1 Brincadeiras de mau gosto, 27

    2.2 Características e riscos, 29

    2.3 Personagens envolvidos no bullying, 31

3. Como combater o bullying, 38

   3.1 Perfil do alvo, 39

   3.2 Escola como espaço de transformação, 41

   3.3 Trabalhando com a família, 42

   3.4 Diálogo entre o aluno e a escola, 46

   3.5 Sociedade no combate à violência, 49

   3.6 Escola no combate ao bullying, 51

4. Cyberbullying, 54

   4.1 Educação no mundo da *web*, 58

5. Justiça restaurativa, 66

   5.1 Justiça restaurativa no mundo, 68

   5.2 Processo de comunicação, 75

6. Círculos restaurativos, 78

   6.1 Círculo como elemento base, 79

   6.2 Características centrais dos círculos restaurativos, 82

7. Justiça, paz e alegria, 84

   7.1 Escolha ética, 87

   7.2 Paz como resultado da obra da justiça, 88

8. Escolas restaurativas, 92

   8.1 Justiça restaurativa nas escolas, 94

   8.2 Círculos de Construção de Paz na escola, 94

Considerações finais, 99

Referências, 103

Sobre a autora, 113

E Jesus respondeu-lhe: O primeiro de todos os mandamentos é: Ouve, Israel, o Senhor nosso Deus é o único Senhor. Amarás, pois, ao Senhor teu Deus de todo o teu coração, e de toda a tua alma, e de todo o teu entendimento, e de todas as tuas forças; este é o primeiro mandamento. E o segundo, semelhante a este, é: Amarás o teu próximo como a ti mesmo. Não há outro mandamento maior do que estes.

Marcos, 12: 29-31.

Prefácio

O presente livro que tenho a honra de prefaciar tem como finalidade analisar o bullying*, o cyberbullying e os impactos que esses atos causam em jovens, nas famílias, nas instituições de ensino e na comunidade em geral.

O livro conduz à identificação, à prevenção e à repressão de ações cruéis, intencionais, sem motivo e repetitivas

---

* A palavra *bullying* é um termo estrangeiro e, portanto, normalmente grafado com itálico. Nesta obra, no entanto, devido ao elevado número de ocorrências do termo e de outras palavras derivadas dele, como cyberbullying, optamos por não utilizar a marca de estrangeirismo.

ocorridas dentro das escolas por parte dos bullies e cyberbullies, que são aqueles que praticam o bullying e o cyberbullying, respectivamente. Para tanto, a obra se utiliza de seu objetivo principal, que é informar ao corpo diretivo e aos professores sobre a real urgência de medidas de prevenção e combate no que diz respeito à violência nas escolas.

As regras de controle e punição não estão resolvendo os problemas de relacionamentos na escola, como agressão, humilhação, ausência de limites, incivilidade, indisciplina e desrespeito. A autora sugere, então, a inserção da prática da justiça restaurativa para a pacificação dos conflitos escolares.

Conheci a prof.ª Elenice por meio das palestras sobre bullying que ministra pelo Brasil desde 2009, as quais me possibilitaram compreender com clareza as consequências dessa violência que tem nome novo, mas comportamento antigo, e que é vivida por muitos de nós.

Em seu livro *Corredores de justiça: combatendo a prática do bullying nas escolas, educando uma sociedade para a paz*, publicado em 2009, é possível conhecermos as propostas da Lei de Diretrizes e Bases da Educação Nacional (LDBEN) – Lei n. 9.394, de 20 de dezembro de 1996 – para minimização do sofrimento dos alunos vitimados pelo bullying e cyberbullying escolares, por meio dos círculos restaurativos e da técnica da comunicação não violenta (CNV) da justiça restaurativa.

De acordo com os Parâmetros Curriculares Nacionais – PCN (Brasil, 1997), o foco do combate ao bullying deve ser na instrução, e, sendo assim, o professor deve ensinar o aluno a se colocar no lugar do outro, com o objetivo de fazê-lo compreender o mal que as atitudes agressivas podem causar. Além disso, é necessário que a escola desenvolva práticas de solidariedade e de convivência que minimizem a violência dentro e fora da sala de aula e que demonstrem aos alunos que é possível conviver com as diferenças.

A obra *Combate ao bullying por meio de princípios e práticas da justiça restaurativa* nos revela que é possível restaurar a paz nas escolas desde que todos os indivíduos envolvidos, com responsabilização pelos seus atos, mudem substancialmente a maneira de se comportar.

Que a escola seja um lugar de querer estar, um lugar de paz.

Aloma Ribeiro Felizardo

Mediadora de conflitos, facilitadora da justiça restaurativa e palestrante sobre bullying e cyberbullying

Apresentação

Iniciamos esta seção com uma frase de Luiz Henrique Buest, proferida em Brasília na Conferência Nacional da Educação Básica, em 2008: "Não é possível fazer pedagogia da paz sem estabelecer laços de afeto entre as pessoas".

Buest, consultor em educação pela paz, parece ter dito algo tão simples, mas capaz de mudar o rumo da história das escolas. Ao buscarmos uma educação para a paz, é necessário vermos a relevância da afetividade nas relações e descobrirmos neste processo de construção da aprendizagem quais foram as experiências vividas e se houve a presença de afetividade entre as pessoas com as quais atuamos. Nossos sentimentos, emoções, valores e interesses fazem parte deste universo que é a afetividade e têm influência direta em nosso desenvolvimento cognitivo, conforme destaca Piaget (1981).

O modo como vemos o mundo, o presente, o passado e o futuro nos faz construir uma história de vida que determina o nosso desenvolvimento. As cenas de violência que presenciamos entre crianças e adolescentes na escola, no lar ou em qualquer outro ambiente social expressam emoções afloradas e sem controle de resposta negativa, as quais, infelizmente, vêm ocupando cada vez mais espaço.

Mesmo sabendo que a afetividade é um estado psicológico do ser humano e que pode ou não ser modificado, entendemos que, quando trabalhado no comportamento humano, pode indicar um novo modo de pensar sobre as situações e pessoas com as quais nos relacionamos diariamente.

A formação de nosso caráter, tanto no que se refere à autoestima quanto a sentimentos como segurança e determinação, é influenciada diretamente pelas relações afetivas que temos desde a infância. Portanto, essas relações podem influenciar futuros transtornos e desequilíbrios mentais e comprometer significativamente a nossa qualidade de vida.

Para o professor Ricardo Henriques, da Universidade Federal Fluminense (UFF), segundo Nonato (2008), "entre o ventre materno e os três anos de idade, o ser humano desenvolve 92% de capacidade cognitiva, afetiva". Com base nessas informações, podemos reforçar a importância da afetividade na aprendizagem de nossos alunos e também na formação das relações sociais, tendo em vista que se analisarmos as deles, veremos que muitos não são "alimentados" afetivamente de forma adequada no período destacado por motivos diversos, como pobreza, ausência dos pais e falta de carinho e diálogo. No lugar da afetividade, vemos inseridos tanto no contexto escolar como no social a intolerância, o preconceito, a discriminação e a ausência de expectativa, sinais contrários à cultura de paz que desejamos (Aquino, 1998).

Nesse sentido, a escola precisa trabalhar com projetos que entendam que os alunos são seres humanos integrais, que têm consciência e emoções. Dessa forma, deve convidá-los a acreditar que a paz é possível, mesmo que no dia anterior tenham presenciado alguma situação desagradável. Enfim, o aluno não tem como ir para a escola e deixar todos os seus problemas em casa. Ao trabalhar com esses projetos, a escola deixa de ser apenas um ambiente de transmissão de conhecimento para atuar também como promotora do desenvolvimento integral, envolvendo professores, família e comunidade por meio de palestras e rodas de conversa com a participação de especialistas e profissionais em cursos e depoimentos.

O desafio de ampliarmos nosso conhecimento sobre o que é e de que forma construir ou restaurar uma cultura de paz nas escolas diz respeito à sensibilização e à vivência, que se manifestam por meio da afetividade, sem descaracterizar o contexto no qual cada aluno está inserido – em casa, no bairro e na cidade onde mora.

Ao discutirmos ações para restaurar a paz nas escolas, apresentamos neste livro uma conceituação para o bullying, com conhecimento sobre o assunto que estamos lidando. No decorrer dos estudos, apontamos formas de identificar, prevenir e combater esse fenômeno, que não é apenas um "modismo", momentâneo, mas um comportamento nocivo que aos poucos atinge todos à nossa volta.

Nosso desejo é oferecer uma alternativa de construção de paz nas escolas por meio de práticas da justiça restaurativa, em parceria com a comunicação não violenta (CNV) e os processos circulares, os quais são ferramentas que nos farão ver a justiça de forma menos distorcida, buscando a correção e a responsabilização dos envolvidos, e não apenas a punição.

Os conceitos e práticas apresentados nesta obra fornecerão os conhecimentos necessários para aqueles educadores que acreditam na educação. No entanto, é essencial ter em mente que a cultura de paz é uma construção constante e que, juntos, professores, equipe diretiva e alunos poderão buscar um resultado que esteja próximo à realidade de cada dia, com o objetivo de discutir violência, paz e conflitos de forma crítica e criativa, focando na vida das pessoas em sociedade e nas relações humanas, num movimento comprometido com a cidadania, ética e valores morais, tão capazes de restaurar a paz nas escolas.

Capítulo um

Afinal, o que é bullying?

O termo *bullying*, originado do inglês *bully* – que pode ser traduzido como "tirano" ou "valentão" –, é usado para caracterizar atos de violência física ou psicológica, repetitivos e intencionais, de uma pessoa (normalmente crianças e adolescentes) ou de um grupo para com o outro, sem motivo aparente, causando dor, sofrimento, baixa autoestima, isolamento social e prejuízo no aprendizado (21 perguntas..., 2009). É pela falta de uma expressão em português que dê conta de todos os tipos de atitudes que envolvem esse fenômeno que o termo estrangeiro foi adotado no Brasil.

Humilhação, xingamento, difamação, constrangimento, menosprezo, intimidação, ameaça, exclusão, perseguição, agressão física e roubo estão presentes nas ações do bullying.

Mesmo sendo um fenômeno antigo, encontrado em muitas culturas, segundo Due et al. (2005), podemos considerá-lo novo do ponto de vista da ciência. No Brasil, os estudos científicos acerca do bullying iniciaram em 2003, mas já existiam pesquisas sobre o assunto desde a década de 1970, realizadas pelo psicólogo sueco **Dan Olweus** (1993), professor de psicologia afiliado ao Centro de Pesquisa para a Promoção da Saúde (Hemil) da Universidade de Bergen, na Noruega. Os resultados de seus estudos foram publicados em 1973 na Suécia e em 1978 nos Estados Unidos, sob o título *Aggression in the Schools: Bullies and Whipping Boys*, cuja tradução livre em português é *Agressão nas escolas: autores e alvos*.

Alguns anos após o lançamento do livro, em 1983, três adolescentes noruegueses cometeram suicídio. As investigações levantaram a hipótese de a tragédia estar ligada à **vitimização por bullying**. O Ministério da Educação norueguês solicitou a Olweus, então, uma ampla pesquisa sobre o assunto, além da elaboração de um projeto de prevenção, que resultou no Programa Olweus de Prevenção ao Bullying (POPB) – em inglês, *Olweus Bullying Prevention Program* (OBPP).

Esse programa obteve sucesso não apenas na Noruega, mas em outros países da Europa. Para o seu idealizador, o POPB, que foi desenhado para combater o bullying e diminuir a violência nas escolas, é preventivo, efetivo e tem como objetivo a busca por um **comportamento adequado** e pela **convivência saudável** entre os alunos.

1.1 Estudos sobre o bullying no Brasil

Quando jovens que foram vítimas de exclusão, humilhação ou exposição afirmam que atitudes de violência são inevitáveis e que nada pode ser feito a respeito disso, nos estimulamos a buscar soluções para resolver esse problema.

Nesse sentido, uma pesquisa realizada pela Associação Brasileira Multiprofissional de Proteção à Infância e à Adolescência (Abrapia), em 2002 e 2003, norteou os estudos e projetos para prevenção e redução da violência escolar. Essa pesquisa coletou dados com alunos de 5ª a 8ª série (atuais 6º e 9º anos, respectivamente) em 11 escolas no Rio de Janeiro, e seu objetivo foi sensibilizar e conscientizar professores, familiares e sociedade sobre a violência nas escolas e as consequências geradas (Gomes, 2017).

Lauro Monteiro, pediatra e editor-chefe do Observatório da Infância que esteve à frente da pesquisa citada, elaborou um texto no qual expressa que, de setembro de 2002 a outubro de 2003, mais de 5.500 estudantes, de 5ª a 8ª série, de 9 escolas públicas e duas escolas privadas, responderam, por duas vezes, um questionário sobre a agressividade contínua e repetida entre os alunos de suas escolas.

No início da pesquisa, foi perguntado aos alunos que percepção eles tinham sobre a prática de bullying nas escolas. Nesse primeiro momento, os dados apresentados, de acordo com Lopes Neto (2005), foram:

- 40,5% dos alunos admitiram estar diretamente envolvidos em atos de *bullying*, sendo 16,9% como alvos, 12,7% como autores e 10,9% ora como alvos, ora como autores;
- 60,2% dos alunos afirmaram que o *bullying* ocorre mais frequentemente dentro das salas de aula;
- 80% dos estudantes manifestaram sentimentos contrários aos atos de *bullying*, como medo, pena, tristeza etc.
- 41,6% dos que admitiram ser alvos de *bullying* disseram não ter solicitado ajuda aos colegas, professores ou família;
- entre aqueles que pediram auxílio para reduzir ou cessar seu sofrimento, o objetivo só foi atingido em 23,7% dos casos;
- 69,3% dos jovens admitiram não saber as razões que levam à ocorrência de *bullying* ou acreditam tratar-se de uma forma de brincadeira;
- entre os alunos autores de *bullying*, 51,8% afirmaram que não receberam nenhum tipo de orientação ou advertência quanto à incorreção de seus atos.

No final da pesquisa, os dados sofreram algumas alterações:

- 79,9% dos alunos admitem saber o que é *bullying*;
- redução de 6,6% de alunos alvos;
- houve a redução de 12,3% de alunos autores de *bullying*;
- a indicação da sala de aula como local de maior incidência de atos de *bullying* caiu de 60,2% para 39,3%, representando uma queda de 24,7%;
- o número de alunos que admitia gostar de ver o colega sofrer *bullying* reduziu em 46,1%;
- entre os alunos alvos que buscaram ajuda, o sucesso das intervenções para a redução ou cessação do *bullying* teve um crescimento de 75,9%;
- o desconhecimento sobre o entendimento das razões que levam à prática de *bullying* reduziu-se em 49,1%;
- [o número d]aqueles que admitiram o *bullying* como um ato de maldade passou de 4,4% para 25,2% das respostas, representando um aumento de 472,7%;
- o número de alunos autores de *bullying* que admitiu ter recebido orientações e advertências quanto à incorreção de seus atos passou de 45,6% para 68%, representando um crescimento de 33,4%. (Lopes Neto, 2005)

Esse estudo teve duração de apenas um ano, mas pôde auxiliar (e ainda auxilia) as escolas na observação diária de como **reduzir a agressividade** e, com isso, elevar a qualidade e o rendimento do ensino, além de melhorar as relações entre os alunos e a comunidade escolar.

Como consequência, ocorreu uma grande mobilização de técnicos e especialistas no assunto, como a publicação, em 2005, do livro *Fenômeno bullying: como prevenir a violência nas escolas e educar para a paz*, de Cleo Fante.

Em 2009, teve início a pesquisa Bullying Escolar no Brasil, encomendada ao Centro de Empreendedorismo Social e Administração em Terceiro Setor (Ceats) pela organização não governamental Plan. O estudo teve como objetivo contribuir para a redução da violência nas escolas brasileiras, por meio da coleta e análise de dados que permitiu o reconhecimento de situações de maus tratos nas relações entre os alunos nas escolas das cinco regiões do país (Ceats, 2010). Com base nos resultados, foi criada a campanha Aprender sem Medo, que orienta a comunidade escolar e toda a sociedade sobre bullying e as formas de reduzi-lo.

Essa pesquisa revelou que, quanto mais frequentes os atos repetitivos de maus tratos, mais longo é o período de duração da manifestação dessa violência. Além disso, por meio da pesquisa, foi possível constatar que a repetição das ações do bullying fortalece a ação dos agressores, diminuindo as chances de defesa das vítimas, o que reforça a urgência de encontrarmos mecanismos de identificação, combate e contenção.

Os dados quantitativos e qualitativos coletados tinham como foco os seguintes itens:

- Incidência de maus tratos e de *bullying* no ambiente escolar;
- Causas de maus tratos e de *bullying* no ambiente escolar [...];
- Perfil dos agressores e das vítimas de maus tratos e de *bullying* no ambiente escolar;
- Estratégias de combate aos maus tratos e ao *bullying* no ambiente escolar. (Ceats, 2010, p. 7)

Ainda de acordo com a Ceats (2010, p. 103), para que a variedade e a heterogeneidade de dados fossem garantidas,

> foram selecionadas cinco escolas de cada uma das cinco regiões geográficas do País, sendo vinte públicas municipais e cinco particulares. Quinze estão localizadas em capitais e dez em municípios do interior. No total, 5.168 alunos responderam ao questionário. Também foram realizados quatorze grupos focais com 55 alunos, 14 pais/responsáveis e 64 técnicos, professores ou gestores de escolas localizadas nas capitais pesquisadas.

Lamentavelmente, mesmo com as pesquisas apresentadas e o cenário presente em nas escolas, há quem ignore o sofrimento dos alvos e diga que bullying é um modismo ou um exagero da escola e dos educadores.

Sendo assim, constatamos que há um longo caminho pela frente, mas que se toda a comunidade educativa – da qual fazem parte a família, os professores, os alunos, a equipe diretiva e demais funcionários – estiver envolvida nessa causa, é possível assegurar a prevenção e o controle da violência.

Capítulo dois

Características do bullying escolar

Por meio dos estudos realizados por Cleo Fante* em São José do Rio Preto, interior paulista, entre os anos de 2002 e 2004,

* O programa antibullying Educar para a Paz foi desenvolvido por Cleodelice Aparecida Zonato Fante e implantado pioneiramente no Brasil na Escola Municipal Luiz Jacob, localizada em São José do Rio Preto, entre junho de 2002 e julho de 2004.

foi possível traçar, pela primeira vez, o perfil dos alvos de bullying no Brasil (Basilio, 2011). Antes de darmos sequência ao nosso estudo, é importante ressaltarmos que as características apresentadas a seguir não dizem respeito somente a casos de pessoas que foram vítimas de bullying escolar – ou seja, há pessoas que apresentam as mesmas características, sem nunca terem sofrido violência no âmbito escolar.

2.1 Brincadeiras de mau gosto

Em ambientes escolares, vemos com frequência brincadeiras entre crianças e adolescentes tidas como comuns para a idade, as quais impedem que a face cruel mostrada para as vítimas seja vista.

É raro encontrarmos alguém que jamais ouviu falar sobre bullying, mas quando esclarecemos as reais consequências dessa prática, imediatamente notamos que essa pessoa percebe a importância do que lhe está sendo dito e que consegue fazer a diferenciação entre brincadeiras de mau gosto e o bullying propriamente dito.

As seguintes agressões são encontradas frequentemente em atos de bullying:
- **bullying físico**: tapas, beliscões, chutes;
- **bullying verbal**: apelidos maldosos, xingamentos;
- **bullying moral**: intimidações, ameaças, fofocas;
- **bullying sexual**: assédio, abusos.

Infelizmente, essa atitude agressiva, intencional e repetitiva que ocorre entre os alunos tem se tornando uma prática comum, proveniente de uma relação de desequilíbrio de poder.

De modo geral, os envolvidos em bullying frequentam a mesma escola, estudam na mesma sala de aula ou moram no mesmo bairro. Por isso, muitas pessoas não dão a devida importância ao assunto, subestimando a violência por considerá-la uma brincadeira comum para a idade dos estudantes, ou uma atitude esperada entre pessoas que estão em um mesmo ambiente escolar.

Precisamos atentar para o fato de que o bullying não ocorre apenas como intenção de brincadeira ou como conflitos naturais entre crianças e adolescentes. Ele instaura o medo em todo o ambiente escolar, oprime a vítima e pode destruir vidas.

Antes de esclarecermos sobre cada figura humana envolvida nessa violência, abriremos um espaço para apresentar os dois tipos de bullying, de acordo com os estudos de Dan Olweus (Chalita, 2008):

1. **Formas diretas:** São ataques abertos que geralmente acontecem por meio de confrontos "cara a cara". Nos exemplos típicos de intimidação direta, podemos incluir o verbal, com a ocorrência de comentários depreciativos e xingamentos, e o físico, como bater, chutar, empurrar e cuspir.
2. **Formas indiretas:** Nesses casos, os atos agressivos são mais omitidos e sutis, o que torna mais difícil sabermos quem é o responsável pela agressão. Os exemplos típicos de bullying incluem o isolamento social, em que os agressores excluem intencionalmente alguém

de um grupo ou atividade, e a propagação de mentiras e fofocas a respeito do alvo.

Como citamos anteriormente e acreditamos ser importante reforçar, são muitos os tipos de agressões que podem ocorrer entre alunos, mas a maioria segue o mesmo perfil base:

- os comportamentos negativos são intencionalmente dirigidos a um indivíduo específico, não são acidentais e não acontecem por acaso;
- as agressões, diretas ou indiretas, consistem em ações repetidas, ou seja, não são um episódio único e isolado;
- há desequilíbrio de poder entre os pares.

De acordo com Ramos (2017), históricos de bullying apontam como única causa o **comportamento do agressor**, que compromete o próprio processo de aprendizagem e rendimento escolar e o plano de aula elaborado pelo professor. A unidade escolar, por sua vez, é levada a um estado de tensão e não consegue resolver os problemas que surgem.

2.2 Características e riscos

Um aluno impulsivo, impaciente, que não aceita normas ou regras, que não gosta de ser contrariado e que apresenta comportamento agressivo, combinado com a força ou a fraqueza física de outro aluno, são fatores de risco relevantes para a ocorrência do bullying.

Essa violência pode acontecer em qualquer escola, independentemente das condições sociais em que ela se encontre.

O bullying ocorre nas salas de aula, nos corredores, nas quadras, nos banheiros e no pátio. No entanto, os comportamentos agressivos acontecem com mais frequência nos ambientes externos.

Entre os prováveis ambientes se destacam aqueles em que há algumas restrições impostas aos alunos, as quais os aborrecem e muitas vezes não são aceitas ou compreendidas. Nos espaços de recreio, por exemplo, é comum observarmos superlotação, provocada por muitos alunos que têm o mesmo período de intervalo. Esse tipo de ambiente muitas vezes é pouco atrativo, o que favorece o comportamento antissocial e, até mesmo, o bullying (Pereira; Neto; Smith, 1997). Nesse sentido, será que as escolas consideram as necessidades de seus alunos?

Outro fator importante a ser estudado nos ambientes escolares é a presença de um **adulto**, um **profissional da escola**, para a observação da conduta diária escolar, principalmente nos períodos livres. Cleber Mena Leão Junior (2015), especialista em Educação Física Escolar pela Pontifícia Universidade Católica do Paraná (PUCPR), relata em um de seus trabalhos que nos lugares com menos vigilância há mais casos de bullying. Segundo dados ilustrativos de sua pesquisa, 53% dos casos de bullying ocorrem durante o recreio; 15% em locais não específicos; 13% na sala de aula; 7% na frente da escola; 7% nos banheiros e 5% nos corredores e escadas da escola.

> É importante termos cuidado ao falarmos sobre vigilância para não atrairmos para dentro das escolas uma forma de repressão, pois isso não seria produtivo para a prevenção de comportamentos agressivos. É necessário que se crie uma relação de confiança entre cuidadores, supervisores e alunos, por meio da qual os alunos sintam-se menos intimidados e mais encorajados a denunciar as agressões.

De acordo com Morais (1995), uma solução possível na busca por uma escola sem violência seria proporcionar aos alunos um modelo educacional de qualidade, com práticas pedagógicas durante os horários livres, como recreações que, ao mesmo tempo em que divertem, também educam. Explorar a arte por meio da dança, do uso de instrumentos musicais e do teatro, entre outras formas de entretenimento, certamente diminuiriam as ações de bullying no ambiente escolar.

2.3 Personagens envolvidos no bullying

A brincadeira e o bom humor devem fazer parte da vida saudável de qualquer pessoa, e não pode ser diferente na vida da criança e do adolescente. A possibilidade de ser feliz e de ter liberdade de expressão necessita estar presente em toda a nossa história de vida. No entanto, a linha que está posta entre a felicidade e a infelicidade é, para muitos estudantes, o bullying.

É fundamental prestarmos mais atenção no que acontece com as crianças e os adolescentes. Pais, educadores e especialistas necessitam adquirir mais conhecimento a respeito do bullying e do perfil dos estudantes envolvidos. Esse fenômeno deve ser percebido para que seja possível atuar de maneira ética, resgatando valores morais com ações que acolherão sonhos, diminuirão as angústias e medos e protegerão e transformarão com amor as vidas que estão sob os cuidados dos educadores. Para tanto, as correções devem ser aplicadas de forma educativa, mediadas por relações interpessoais que promovam o bem-estar de todos.

2.3.1 Autores, agressores ou bullies

Infelizmente, muitos são os alunos que se envolvem em atos de bullying, mas é essencial termos cuidado para não rotular ou sentenciar as vítimas, pois essa atitude seria também uma violência.

Os envolvidos na violência escolar dividem-se em **autores** (agressores ou bullies), **alvos** (vítimas) e **testemunhas**.

Os autores têm como características marcantes

> a agressividade não apenas no trato com colegas, mas também com adultos como professores e pais. São pessoas impulsivas que, geralmente, sentem a necessidade de dominar o outro, fazendo uma avaliação positiva de si mesmos e têm dificuldades de se identificarem com os sentimentos das vítimas das agressões. (Ruotti; Alves; Cubas, 2006, p. 179, citados por Stadler; Martins, 2011)

Os bullies gostam de intimidar, fazer gozações e colocar apelidos maldosos nas pessoas. Assumem a postura de líder do grupo e são populares e temidos por causa das humilhações que praticam contra os colegas mais fracos. Não podemos ignorar o que fazem, pois, quando não recebem atenção adequada, apresentam grandes chances de se tornarem adultos violentos e antissociais, ou até mesmo criminosos. E é por isso que devemos corrigir e mediar, do contrário, essa característica de ação violenta pode ser reforçada na fase adulta, refletindo em seu meio profissional, social e familiar.

De modo geral, os autores do bullying **humilham** e **intimidam** seus alvos sem motivação aparente, os insultando ou os acusando de algo. Esses agressores depredam e destroem os pertences das vítimas, espalham rumores e fofocas, simulam ocorrências para colocar o alvo em situações constrangedoras, depreciam a família com comentários maldosos, entre outras atitudes. Mas para que isso aconteça, eles precisam de uma plateia, pois gostam de reunir espectadores.

O desequilíbrio de poder e a desmoralização excessiva são características que tornam as vítimas reféns do medo e do sentimento de falta de liberdade.

O perfil da família do agressor geralmente nos dá sinais do motivo de tal comportamento: um filho que não recebe afeto e atenção dos pais ou responsáveis, muito menos orientação e supervisão familiar, que não dialoga ou não recebe amor e carinho pode apresentar comportamentos agressivos ou explosivos.

Apesar de essas características serem comuns a grande parte dos casos analisados, não podemos elaborar um diagnóstico familiar com base nisso, pois há o risco de rotular as famílias. Contudo, podemos afirmar que a ausência do cuidado familiar muitas vezes reforça e se soma aos componentes que desencadeiam os atos dos agressores.

A família precisa de fato assumir seu papel na educação da criança, participando constantemente da vida escolar de modo que seja possível descobrir a tempo, no caso de ser constatado o bullying, se o filho é a vítima ou o agressor.

A observação contínua e cuidadosa e o diálogo entre pais e filhos são fundamentais. Nesse sentido, podemos dizer que companheirismo, afeto e respeito são a base para que a criança ou o adolescente não pratique o bullying.

2.3.2 Alvos ou vítimas

Como indicado anteriormente, as pessoas que sofrem bullying são escolhidas sem motivação aparente e sofrem ameaças, humilhações e intimidações (Felizardo, 2010). De modo geral, os alunos que mais sofrem com o bullying são aqueles mais **tímidos**, que têm **dificuldade em manter amizades e ser aceitos** nos grupos escolares e que não têm habilidade para se **defender** diante de situações de conflito. Eles costumam apresentar, também, uma expressão corporal específica: andam com os ombros encurvados e de cabeça baixa e não olham nos olhos das outras pessoas. Além disso, costumam se isolar ou, quando não, preferem a companhia de um adulto.

Observamos, ainda, que os hábitos, a maneira de se vestir, a falta de habilidade em algum esporte, a deficiência física, a aparência fora do "padrão de beleza" imposto pela mídia e pela sociedade, o sotaque, a disfemia (gagueira) e a etnia podem tornar a criança ou o adolescente uma vítima.

Há também o agravante de que muitas vezes esses alvos não pedem ajuda porque, devido à baixa autoestima, acreditam que merecem essa intimidação. São alunos que não creem ter valor ou potencial e que assumem uma posição inferior por já sofrerem muitas vezes rótulos até mesmo da família. E o mais grave de tudo: eles têm medo de o quadro piorar.

É nesse caminho que a dor e a angústia vão se prolongando e, na maioria das vezes, por não haver uma intervenção dos adultos, as vítimas do bullying sofrem cada mais vez mais, caladas e isoladas.

Para Chalita (2008), os danos internos causados nos alvos, como baixa autoestima, perda de amor-próprio e desvalorização da vida, lentamente se manifestam com o surgimento de consequências externas, que podem ser visualizadas na forma de agressão física e perda de pertences, por exemplo.

> Essa violência destrói o prazer, o amor pela escola e até pela própria vida. O intenso desejo de autodestruição é acompanhado por momentos de explosão e de vingança, que muitas vezes culminam em uma forte depressão e até no suicídio.

2.3.3 Testemunhas

As testemunhas – a maioria dos estudantes – são aqueles que assistem ao bullying. Quando presenciam a violência, não conseguem ter uma vida escolar saudável e procuram fugir desse cenário de horror e pesadelo diários.

Nesse contexto, há aqueles que assistem aos atos, mas não interferem, não participam, não acolhem a dor do outro, não defendem nem denunciam. São testemunhas que veem o bullying como algo normal, por considerarem que os alunos "esquisitos" ou diferentes mereçam ser ridicularizados. Há também os que se manifestam em defesa dos alvos – nesses casos, as intimidações apresentam uma considerável redução. No entanto, grande parte das testemunhas considera o bullying uma ação imoral; sentem-se vítimas em um ambiente contaminado, mas por medo de represálias acabam sendo omissos e passivos, carregando, assim uma sensação de culpa por não terem feito algo para mudar a situação.

Todo esse cenário de sofrimento deve ser interrompido. O ambiente escolar precisa ser afetuoso, mais tolerante e acolhedor, tanto para o alvo quanto para a vítima e a testemunha. Para tanto, é preciso educar em parceria, numa rede composta pela escola, pela família e pela comunidade, cujo objetivo deve ser **encontrar o equilíbrio e a paz** entre os seus.

Capítulo três

Como combater o bullying

Ao refletir sobre o que deve ser feito a respeito do bullying, devemos considerar uma ação em conjunto, na qual família, escola e sociedade estejam envolvidas e comprometidas.

Nessa ação, a família precisa ter uma atenção ampla na formação e educação dos filhos, de modo a suprir suas necessidades e orientar suas condutas, para que possam administrar de forma correta as relações com as demais pessoas, tanto na escola quanto fora dela, respeitando o direito de cada um.

Quanto à escola, é importante inserir no programa de ensino conteúdos que trabalhem cooperação, resolução de conflitos, postura ética, segurança e autonomia para a tomada de decisões coerentes. A escola precisa, ainda, junto de seus educadores, estar atenta aos movimentos de seus alunos, a fim de que não haja prejuízo no desenvolvimento. Essa instituição precisa ter um caso de **convivência comprometida** com a prevenção e a segurança de todos.

Em relação à sociedade, espera-se uma ação efetiva por parte do poder público, para que a criança e o adolescente tenham uma vida cidadã digna assegurada por medidas preventivas de combate à violência.

3.1 Perfil do alvo

O bullying é um fenômeno que, de modo geral, está presente na maioria das escolas, e graças aos esforços realizados, aos estudos e projetos de especialistas que hoje se espalham por todo o mundo, é possível identificá-lo cada vez mais cedo.

Aloma Felizardo (2011), especialista em bullying, traçou um perfil dos alvos. Segundo a autora, normalmente são meninos e meninas, com aproximadamente 11 anos de idade, que não reagem aos apelidos ou a qualquer ação realizada contra eles. Costumam ser muito tímidos, de físico frágil, estatura baixa ou muito alta; usam óculos; são obesos ou muito magros; têm alguma deficiência física e pele com acne.

Na mente dessas crianças, fica a certeza de que a vida diária dentro da escola é uma vida de tortura e de exposição constante. A diversidade se transforma em um aspecto negativo, em um defeito. Ser diferente torna-se motivo para agressões e castigos, e a vítima do bullying passa a se sentir culpada por ser quem é e coloca em si a responsabilidade pelo que está passando.

Não podemos esperar que todos sejam iguais. Somos pessoas únicas e especiais em nossas diferenças, cada um com suas próprias características, modo de pensar, de agir e de se relacionar. No entanto, parece que o mundo insiste em considerar um modelo padrão como "normal" para o ser humano, e quando uma pessoa não se encaixa nesse modelo é deixada de lado, ignorada, esquecida, excluída.

É necessário resgatar o **respeito** na escola, o diálogo, a **valorização humana**. Os alunos precisam saber que conviver com os colegas envolve direitos legítimos referentes à liberdade, à dignidade, à integridade física, psicológica e moral, à educação, à saúde, à proteção, à cultura, ao lazer e à qualidade de vida, e que esse exercício de cidadania é dever de todos, pois, de acordo com o art. 5º da Constituição Federal de 1988 (Brasil, 1988), "Todos são iguais perante a lei, sem distinção de qualquer natureza, garantindo-se aos brasileiros e aos estrangeiros residentes no País a inviolabilidade do direito à vida, à liberdade, à dignidade, à segurança e à propriedade [...]".

3.2 Escola como espaço de transformação

É imprescindível que cada instituição de ensino instaure uma política de trabalho para enfrentar o bullying, seja no mundo real, seja no mundo virtual. Essa abordagem estratégica deve envolver a família e a comunidade em atividades coletivas para a tomada de decisões em conjunto, com a finalidade de se estabelecer uma convivência e respeito entre as partes.

> Conviver é "viver com". Em uma relação diária de convivência, as pessoas podem se aproximar umas das outras com afeto e responsabilidade, construindo um aprendizado de respeito e olhar para o próximo (CDHEP, 2011).

O ambiente escolar é um lugar de desafio constante, no qual se relacionar com os mais diversos tipos de pessoas e ser aceito por elas é uma tarefa difícil. Precisamos ver as diferenças como **canais de inclusão**, e não de exclusão de pessoas; aprender uns com os outros e amar o próximo, valorizando e acolhendo cada um como sendo parte de um todo (Chalita, 2008).

Há necessidade de discussões permanentes a respeito do conceito e das características do bullying. A escola deve realizar um mapeamento com o objetivo de encontrar um caminho para se trabalhar a prevenção e o combate. Dessa forma, todos os esforços alcançarão o sucesso.

Os alunos precisam experimentar uma vida de respeito e convivência, abandonar o desejo e o prazer de praticar atos desumanos e resgatar o sentimento de amor em família, livrando-se de julgamentos e de preconceitos que os impedem de reconhecer o outro com humanidade. Nesse contexto, o papel da escola é o de **construir uma nova história**, sem espaço para a violência.

Um ponto importante na prevenção e no combate ao bullying é o de atentar para as **omissões**. A omissão funciona como grande aliada da violência: quando o bullying não é denunciado, os resultados dos atos perversos se tornam cada vez mais cruéis. Portanto, não devemos ser passivos e omissos. Não podemos fazer do nosso silêncio uma prática cotidiana.

O caminho para o combate ao bullying está na educação. Não é um caminho fácil, pois exige esforço por parte da família, da escola e da sociedade. É necessário, então, que o trabalho ocorra em conjunto, com projetos focados no combate à violência (Lück, 2005).

3.3 Trabalhando com a família

Dentro de uma estrutura familiar sólida, a criança e o adolescente têm alimento afetivo, valorizam e compreendem os limites impostos pelos pais e aprendem autodefesa e autoafirmação.

Por meio de **projetos de convivência escolar**, a instituição de ensino deve instruir os pais a estarem mais presentes na educação e formação dos filhos, o que pode ser feito mediante o uso de uma linguagem que os aproxime, a fim de construir um ambiente de diálogo maior entre eles. Dessa forma, os pais poderão centrar-se na educação dos filhos, trabalhando conceitos como **perdão** e **confiança** (Chapman, 2011).

Já por meio de **projetos escolares**, de acordo com Chalita (2003), é possível resgatar um convívio mais justo e fraterno entre pais e filhos, no qual o companheirismo, a amizade e o amor sejam prioridade. Não significa que encontraremos esses projetos prontos e, principalmente, que essas famílias tenham a receita de uma educação eficaz, pois convivemos com modelos de famílias diversos e será com essa diversidade que iremos trabalhar.

> Mesmo recebendo orientações da escola, a família não deve abrir mão do ensino e do aprendizado que cabe a ela. Caso contrário, estará abrindo espaço para a violência, o fracasso, o isolamento e a ocorrência de relações destruidoras que contaminarão a família e outros.

Aprendemos em casa os primeiros posicionamentos e decisões que temos na vida, por meio de modelos vividos em ambiente familiar. Nossas habilidades para realizar ou não determinadas ações são estimuladas nas medidas disciplinares que recebemos de nossos pais, quando compreendemos o que são **hierarquia** e **autoridade**. Em outras palavras, aprendemos que para viver bem, devemos seguir regulamentos, que são necessários durante todo o desenvolvimento humano. Nesse sentido, as relações de respeito e valores identificam o papel de cada um, pois é por meio delas que compreendemos quais são os nossos direitos e deveres.

A construção de autoridade não se dá por imposição ou poder, mas pelo reconhecimento da importância do ser humano e de suas necessidades e do quanto sua participação representa algo que soma, que acresce. É por meio da autoridade que são esclarecidos o **papel** e o **compromisso** de cada um segundo sua posição nessa construção.

Vemos, na qualidade de educadores, os esforços de muitas famílias refletidos na educação de seus filhos e a preocupação com o alimento, as roupas e o desempenho escolar, mas vemos também um excesso de culpa quando os filhos não respondem a esses tratos e tornam-se rebeldes, teimosos e agressivos. Para que isso não aconteça, a escola precisa fazer uso de bons modelos de conduta e valores morais, a fim de motivar os pais a alcançar o sucesso esperado na educação dos filhos.

Ao conviver de forma mais próxima das famílias e conhecer as suas realidades, a escola poderá compreender o motivo pelo qual muitas das reações apresentadas pelos alunos acontecem: algumas trazem à tona sentimentos e desejos dos próprios pais ou situações mal resolvidas que aparecem e produzem conflitos, impedindo que haja uma relação saudável entre pais e filhos. Isso tudo reflete no rendimento escolar do aluno e em seu comportamento.

> Com ajuda da escola, os pais poderão entender que não devem colocar sobre o filho uma bagagem de culpa que não lhe pertence. Toda criança precisa sentir-se segura, independentemente de seus temores ou da fragilidade dos pais. É na família que os filhos esperam estar seguros e desejam ser ouvidos, respeitados e amados. Eles querem ter a certeza de que serão compreendidos, mesmo que muitas vezes não tenham coragem de dizer que estão precisando de ajuda.

No que diz respeito especificamente à vítima de bullying, os pais precisam manter os olhos bem atentos para o pedido de socorro dos filhos, observar qualquer sinal de isolamento, medo, mudanças no comportamento e desinteresse pelos estudos e amigos.

A escola pode instruir as famílias sobre bullying em eventos escolares como reuniões de pais e mestres, palestras e feiras culturais. Neles, podem ser apresentados a importância do diálogo e da atenção redobrada no comportamento do filho e as posturas mais comuns tanto daqueles que sofrem como daqueles que agridem. Por exemplo, é possível perceber a postura dos agressores por meio de certos sinais, como superioridade, atitudes suspeitas (como portar objetos e dinheiro que não lhes pertence) e domínio sobre pessoas.

Tão importante quanto a instrução é a conscientização dos pais sobre a promoção de um ambiente familiar saudável, que favoreça o desempenho e a formação de seus filhos. Para tanto, devem ser mais participativos e colaborativos, pois um ambiente carregado de agressividade e de falta de atenção pode desviar a boa formação e a conduta social da criança ou do adolescente.

A melhor postura é aquela que é **firme**, **corajosa** e ao mesmo tempo **parceira** e **amiga**, na qual há posicionamento e interesse em relação aos assuntos dos filhos, presença na vida diária, diálogo e tolerância. Ao lado da postura da escola, o que foi descrito é essencial para a construção da educação do jovem.

Na educação dos filhos, momentos de **reflexão** sobre o comportamento são grandes aliados, pois permitem a compreensão dos valores morais e de boa conduta e resultam em decisões assertivas, que farão parte do perfil de futuros cidadãos que valorizam a vida e o próximo.

Essa reflexão pode ser encontrada na escola parceira, que transforma o "limão em limonada", que faz das circunstâncias à sua volta uma ponte para a busca de alternativas inovadoras. Nesse contexto, a busca por uma escola melhor e sem violência se torna o objetivo principal, aquilo que motiva a vontade de encontrar soluções melhores, novas alternativas de realização, transformando aquilo que muitas vezes parece azedo e insuportável em um refresco maravilhoso.

3.4 Diálogo entre o aluno e a escola

A instituição escolar recebe o papel de condutora do saber, que visa transmitir informações e conteúdos e formar cidadãos, sem se esquecer da importância dos sentimentos e da espiritualidade, que fazem parte da dimensão do ser humano. Ela nos mostra que a formação de um indivíduo não diz respeito a apenas informar conceitos e opiniões, mas também saber lidar com as relações interpessoais e as diversidades.

Além da perspectiva de como construir um espaço físico adequado para os alunos, com aulas dinâmicas que atraiam a sua atenção, a escola precisa saber como são as relações desses alunos quando estão juntos e como é a comunicação entre os pares no processo ensino-aprendizagem.

> O sistema educacional precisa rever constantemente seus conceitos de ensino, avaliar o que essa nova geração de alunos precisa, o que ela espera de seus mestres e, principalmente, dizer não ao bullying (Lopes Neto; Saavedra, 2003).

Mais do que entender sobre o uso de tecnologias, os alunos precisam aprender sobre paz, relacionamentos e convivência, e a escola promove essa reflexão, pois é capaz de prever, em seus projetos e currículos, conteúdos que abordem as relações entre direitos e deveres, ética, cidadania e valores.

Seja qual for a disciplina, o professor precisa trabalhar ao lado do aluno, para que possa levar o conhecimento para além dos muros da escola. Importa que a leitura e o conhecimento compartilhado pelo professor façam sentido para o aluno em relação às suas experiências e necessidades diárias, e isso é possível por meio de projetos que alcancem a todos os envolvidos na comunidade escolar.

Os professores que estão empenhados na transformação podem realizar palestras, oficinas e debates, mas o aluno também precisa trabalhar nisso; ao lado do professor, ele deve construir coletivamente uma ação consciente que combata a violência escolar, seja por meio da arte, seja por meio de qualquer outra ferramenta com a qual se identifique. De acordo com a Secretaria da Educação do Estado de São Paulo (São Paulo, 2013), projetos realizados em escolas mostram que teatro, filmes e contação de histórias são grandes aliados no combate ao bullying, pois são cheios de possibilidades no que se refere a ensinar, aprender e conviver em harmonia.

No tocante às relações de convivência, precisamos perceber a indisciplina, o desrespeito e a agressividade como sinais de sofrimento dos alunos. Os professores não podem pensar que são reféns deles, mas sim aqueles que podem estender a mão e socorrê-los.

A violência costuma causar medo e, por consequência, induz os alunos ao silêncio. Quando não se sentem seguros, atacam com mais violência ainda, pois é a única arma que eles conhecem para se defender quando não há diálogo ou uma mão estendida. Tudo se resume ao conceito de **ação** e **reação**: se as ações agridem os alunos, eles farão a mesma coisa em troca. Isso favorece o surgimento de conflitos, e aí será necessário um mediador, uma terceira pessoa que procure conter a situação.

Os educadores devem considerar apenas o lado ruim das situações, ignorando a possibilidade de construírem uma educação melhor; eles têm nas mãos o próximo governo, a futura nação. Os educadores são formadores de opinião, aqueles que podem contribuir para que essa história mude.

3.5 Sociedade no combate à violência

Um dos maiores desafios para a sociedade na qual vivemos é, sem dúvida, o combate à violência, que deve ser um compromisso de todos. Nesse contexto, é necessário realizar uma conscientização coletiva sobre o assunto a fim de que as soluções buscadas, quando encontradas, sejam atendidas.

De acordo com Chalita (2003, p. 216),

> A palavra *sociedade* vem do latim *societas,* uma associação amistosa com os outros. *Societas* é derivado de *socius,* que significa *companheiro.* Assim, seu conceito está relacionado àquilo que é social. No *Vocabulário Jurídico,* volume IV, de De Plácido e Silva (1989), gramaticalmente e em sentido amplo, sociedade significa reunião, agrupamento ou agremiação de pessoas, na intenção de realizar um fim, ou de cumprir um objetivo de interesse comum, para o qual todos devem cooperar e trabalhar.

Em uma visão expandida do que é sociedade, a responsabilidade social de combater a violência é grande e exige um direcionamento para vários pontos significativos, tais como interdependência, causa e efeito, parceria, flexibilidade, diversidade e civilidade.

Quanto ao bullying, é preciso levar em conta que a violência praticada contra o outro atinge um grupo, e não somente o alvo. A violência, por exemplo, pode ser vista por uma testemunha, que passa a sofrer ao pensar que também pode ser atingida – ou então que sua família possa ser, e que esta será chamada para responder sobre as atitudes do filho, gerando grandes problemas.

> A ida da família à escola nem sempre é fácil. Expor para o local de trabalho, por exemplo, que o filho está com problemas constrange alguns pais, e isso pode acabar os impedindo de enfrentar esses problemas.

Se não houver parceria entre a família, a escola e a sociedade, essa situação pode se agravar, e violadas a lei e a ordem, a expulsão do aluno agressor pode ser inevitável. Todos precisam ser esclarecidos sobre as questões de violência, para que, além do cumprimento das leis, haja civilidade, e as pessoas possam ver umas as outras consciente de seus direitos e deveres e adotem condutas sociais corretas.

O ideal para uma sociedade saudável é que todos cresçam conscientes e autônomos e que valorizem a vida e os frutos que uma ação positiva pode gerar, para que dela sejam colhidos respeito, justiça e, sobretudo, paz.

Na qualidade de instituição de ensino, a escola não pode abrir mão de formar cidadãos e, como tais, precisamos tomar consciência de que a violência física e a psicológica não estão apenas na escola e em casa, mas também no ambiente de trabalho, na vizinhança e em âmbito global, e que são marcadas por dores, mortes e perdas irreparáveis.

Para combater o bullying e outras formas de violência, é preciso que nos aliemos, o que envolve **boa vontade** e **esforço** de todos. As pessoas precisam se colocar no lugar umas das outras, lutar por uma educação para a boa convivência e buscar políticas que possam estimular e encorajar as famílias a educar seus filhos. As escolas também devem ser incentivadas a desenvolver projetos de combate à violência e, para isso, vigilância e suporte são necessários, a fim de que ela não seja mais um alvo.

O enfrentamento do bullying não é um assunto novo, uma vez que esse comportamento é antigo. Essa é uma realidade que exige da família, da escola e da sociedade estratégias de mudança de pensamento, resgate de valores e ousadia.

3.6 Escola no combate ao bullying

O bullying pode se apresentar a qualquer momento e em qualquer ambiente. Sendo assim, precisamos estar prontos para enfrentá-lo, procurando desenvolver estratégias de prevenção que possibilitem o pleno desenvolvimento de crianças e adolescentes, para que tenham uma convivência social sadia e segura. Para tanto, é necessária uma cooperação de toda a sociedade e de todos que estão ligados ao contexto escolar, a fim de que cada um faça a sua parte e o problema seja controlado. Nesse sentido, o papel da escola é fundamental.

Na busca por um método que modifique a conduta inadequada de alunos, é preciso pensar em ferramentas que não apenas punam, mas que previnam e estejam focadas na reeducação, na restauração das relações entre os pares e que se fundamentem na criação de ambientes mais seguros e de transformação social. Para tanto, é necessário que a escola disponha de um material que contenha instruções práticas e que identifique o bullying, os prejuízos que causa e, ao mesmo tempo, contemple a possibilidade de respostas e soluções para o presente e para o futuro.

Nesse contexto, ao refletirmos sobre a prevenção e combate ao bullying e medirmos a importância de repararmos os danos que causa, para evitar que a violência se propague ainda mais, encontramos nas ferramentas da **justiça restaurativa** os caminhos para diálogos que podem nos levar a pensar que o bullying não é um fato ou uma violência isolada, mas uma ação ampla do modo de pensar, de ser e de agir e da autonomia de cada aluno.

> O bullying não deve ser atribuído apenas a pessoas distantes da família, já que também pode ser praticado por amigos íntimos, irmãos ou outras pessoas muito próximas da vítima.

A aplicação dos princípios da justiça restaurativa nas ações e práticas escolares pode ter grande efeito na mediação de conflitos escolares como um todo, uma vez que pode ajudar a nortear um trabalho significativo, enfatizar as maneiras com as quais os envolvidos podem ser socorridos e instruir pais e professores a trabalharem a reconstituição e a reconstrução da paz nas escolas.

Capítulo quatro

Cyberbullying

O cyberbullying é o **bullying virtual** que, assim como o bullying cometido nas escolas, envolve desequilíbrio de poder, agressões e ações negativas. De acordo com Massarollo (2011),

O cyberbullying se utiliza de tecnologias de informação e comunicação para apoiar "comportamentos deliberados, repetidos e hostis praticados por um indivíduo ou grupo com a intenção de prejudicar outrem".

Nesse tipo de violência, textos e imagens são disponibilizados por meio de internet, telefones celulares, *smartphones*, entre outros dispositivos semelhantes, com a intenção de intimidar outra pessoa, causando-lhe angústia e dor, assim como no bullying.

As características que diferenciam o cyberbullying do bullying são:

- **Anonimato**: O cyberbullying é tão cruel quanto o bullying, mas no mundo virtual, na maioria das vezes, não se sabe quem está por trás de tanta maldade. O agressor consegue ficar por muitas vezes anônimo.
- **Acessibilidade**: O bullying atinge suas vítimas na rotina escolar e em seus ambientes anexos, como no ônibus, ou seja, pode ocorrer no trajeto de casa para escola e vice-versa. No cyberbullying, o alcance é maior: em questão de segundos, uma agressão pode chegar a vários lugares ao mesmo tempo, no mundo inteiro, e o agressor não está limitado apenas a agredir no horário escolar – ele tem 24 horas por dia na internet, se quiser.
- **Medo de punição**: É muito difícil a vítima denunciar o agressor, pois o medo de que a repressão aumente é muito grande. Em relação aos pais, as vítimas pensam

que, ao denunciar as agressões virtuais, os familiares as deixarão sem o computador ou o celular.

- **Testemunhas:** As pessoas que assistem ou acompanham o bullying sofrido por alguém se resumem nos colegas de classe e no máximo na escola. Já no cyberbullying, milhões de pessoas podem acompanhar essas agressões e, sendo assim, o dano e a exposição à violência são maiores, muitas vezes sem controle.
- **Desinibição:** No cyberbullying, o aluno que é tímido se encoraja diante da tela do computador por entender que não será possível ser identificado como agressor. O anonimato pode encorajar alguns tímidos a sair da condição de medo diante da internet.

Descobrir se uma pessoa está sofrendo cyberbullying pode ser mais trabalhoso do que detectar o bullying, mas os efeitos emocionais causados pelos dois são os mesmos.

No **mundo real**, as agressões podem ser percebidas quando o alvo chega em casa com a roupa rasgada, com machucados pelo corpo, o material escolar destruído, entre outros sinais que possam indicar violência física. Já no **mundo virtual**, podemos perceber se a criança é vítima de cyberbullying por meio da observação dos seguintes comportamentos:

- parece triste, mal-humorada, ansiosa;
- não quer ir à escola;
- apresenta desinteresse em atividades sociais;
- há queda em seu desempenho escolar;

- demonstra tristeza depois de usar a internet e quando recebe ligações no celular.

Ao se constatar que a criança ou o adolescente apresenta esses comportamentos (ou a maioria deles), é importante investigar, ou seja, acompanhar o que ocorre com a vítima quando utiliza a ferramenta virtual, cujo efeito de sofrimento e dor é multiplicado pela velocidade com que as informações são disseminadas. Esse é o início do socorro a quem tanto necessita de ajuda.

Sabemos que a internet pode proporcionar prazer às crianças e adolescentes. Além de ser um local para entretenimento, nela é possível estudar e se informar sobre tudo que ocorre no mundo. Por outro lado, quando utilizada sem medida e de forma inadequada, pode ser perigosa e levar a atitudes criminosas.

> No Brasil, existiam poucas obras sobre cyberbullying, até que fomos contemplados, em 2010, com a obra *Cyberbullying: difamação na velocidade da luz*, de Aloma Ribeiro Felizardo*, que mapeia e esclarece esse comportamento por meio de casos reais do Brasil e de outros países.

---

* É idealizadora do programa Bullying e Cyberbullying: o combate de todo brasileiro! e percorre o país realizando assessorias e ministrando cursos e treinamentos em prol do combate à violência nas escolas. Para mais informações sobre o programa, acesse: <http://www.bullyingcyberbullying.com.br/>.

4.1 Educação no mundo da *web*

São muitas as pessoas que utilizam a internet. As gerações mais antigas costumam ter muita dificuldade em fazê-lo, já as mais novas têm uma vida digital além da real, que faz parte de sua conduta e da construção de seu conhecimento.

Olhando para esse cenário, percebemos que necessitamos com urgência de uma escola mais contextualizada, pois o mundo conectado de hoje não é mais o mesmo de quando não tínhamos internet: é mais veloz e, atualmente, contamos com a tecnologia para quase tudo que fazemos.

Sendo assim, os educadores precisam adequar a linguagem de sala de aula à linguagem dos estudantes deste tempo, jamais permitindo que uma criança ou adolescente seja "objeto de qualquer forma de negligência, discriminação, exploração, violência, crueldade e opressão", conforme o art. 5º do Estatuto da Criança e do Adolescente (ECA), disposto na Lei n. 8.069, de 13 de julho de 1990 (Brasil, 1990).

No mundo digital, as pessoas expressam suas opiniões, fazem comentários, estudam, conhecem outras pessoas, publicam textos e imagens e trocam informações, fazendo da *web* uma das ferramentas mais fortes de comunicação.

Navegar na internet é uma experiência maravilhosa, mas devemos tomar cuidado com os excessos, que muitas vezes prendem as pessoas ao mundo virtual. Nesse sentido, é preciso resgatar comportamentos saudáveis que não podem ser vividos na internet, como demonstrar afeto pelas pessoas que amamos por meio de beijos e abraços, passear ao ar livre, brincar em parques de diversões, fazer um lanche para receber amigos, assistir a um filme comendo pipoca, entre outras atividades prazerosas.

> Instruir os alunos para que tenham uma conduta virtual ética e usem a internet com moderação e limites é a melhor maneira de evitar que corram riscos nesse ambiente. Dessa forma, eles poderão se proteger do cyberbullying.

É importante ensinar aos alunos que as redes sociais são ferramentas que podem mantê-los em contato com pessoas que amam, como amigos e familiares, mas também que são recursos que devem ser utilizadas com segurança. Por isso, é necessário ensinar a eles a utilizar adequadamente essas ferramentas.

Nas redes sociais podem ser divulgados trabalhos, o vídeo da banda do colega ou o restaurante do tio, mas é importante que tudo isso seja acompanhado por um adulto, para que dúvidas sejam respondidas e trocas de informações possam acontecer – os pais ou responsáveis precisam estar por perto sempre que puderem, para que os filhos não façam uso de informações impróprias para a idade.

É fundamental explicar para o aluno que além de adquirir conhecimento, o desenvolvimento pessoal também está ligado ao modelo de comunicação utilizado, que envolve amizades e relacionamentos em geral, além de modos de pensar e agir.

As redes sociais são muito usadas por crianças e adolescentes em todo o mundo e, portanto, necessitam de orientação quanto às suas regras, as quais envolvem valores individuais diversos. Alguns *sites* não permitem, por exemplo, a inscrição de menores de 13 anos, a não ser com autorização dos pais ou de um responsável – no caso do YouTube*, *site* de compartilhamento de vídeos, menores de 18 anos não podem abrir uma conta. Essas regras são criadas para proteger as crianças e adolescentes. Por isso, é importantíssimo respeitá-las.

> Criar um perfil falso informando dados que não são verdadeiros e mentir na internet são cybercrimes** que podem se disseminar pela *web* e prejudicar inúmeras pessoas.

Além da mentira, há outras situações relativas à internet pelas quais os alunos podem passar e que podem levar a problemas graves, os chamados *perigos na internet*, listados a seguir.

> - **Adware**: Programa que baixa ou executa publicidade em um computador automaticamente depois de ser instalado ou executado, muitas vezes, sem que o internauta saiba. Exemplos de *adware* são aqueles *pop-ups*, janelinhas que abrem a todo instante enquanto você navega em algum *site*.

---

* As diretrizes do YouTube podem ser conhecidas em: <https://www.youtube.com/yt/policyandsafety/pt-BR/communityguidelines.html>. Para ativar as legendas dos vídeos, clique em *Legendas/legendas ocultas*.

** Para saber mais sobre cybercrimes, acesse: <http://dialogando.com.br/materia/o-que-sao-cybercrimes/>.

- **Ameaça**: É crime escrever ou mostrar uma imagem que ameace alguém, avisando que a pessoa será vítima de algum mal, ainda que seja em tom de piada ou brincadeira. Mesmo se isso é feito de maneira anônima, é possível que a polícia, com a ajuda do provedor de acesso, descubra quem foi o autor da ameaça.
- **Discriminação**: Acontece quando alguém publica uma mensagem ou uma imagem preconceituosa em relação a raça, cor, etnia, religião ou origem de uma pessoa. Isso acontece mais frequentemente em redes sociais – é só lembrar das comunidades do tipo "Eu odeio...".
- **Estelionato**: Ocorre quando o criminoso engana a vítima para conseguir uma vantagem financeira. Pode acontecer em *sites* de leilões, por exemplo, se o vendedor não entregar a mercadoria ao comprador.
- **Difamação, injúria e calúnia**: É quando alguém fala ou escreve informações falsas e prejudica uma pessoa. Também acontece quando se faz ofensas e acusações maldosas dizendo que uma pessoa cometeu um crime, que é desonesta ou perigosa. Acontecem no mundo real e na internet.

- **Falsa identidade**: Ocorre quando alguém mente sobre o nome, a idade, o estado civil, o sexo e outras características para conseguir alguma vantagem ou prejudicar outra pessoa. Pode acontecer numa rede social, por exemplo, se um adulto mal intencionado criar um perfil fingindo ser um adolescente para se relacionar com usuários jovens.
- **Happy Slapping**: Evolução do cyberbullying em que a agressão acontece no mundo real. Uma pessoa fotografa ou filma as cenas de agressão, para depois mostrá-las na internet.
- **Keyloggers**: São programas que gravam tudo o que é digitado no teclado de um computador, podendo capturar nomes de usuário e senhas, e até mesmo informações para acessar contas bancárias.
- **Malware**: É um programa que entra no sistema de um computador para causar um dano ou roubar informações. O termo vem do inglês *malicious software*. Vírus de computador, cavalos de troia e *spywares* são exemplos de *malware*.
- **Phishing**: É quando informações particulares ou sigilosas são capturadas por pessoas mal intencionadas para depois serem usadas em roubo ou fraude. Isso pode acontecer, por exemplo, se seu pai ou sua mãe recebe um *e-mail* pedindo para confirmar o número do CPF ou o *login* e a senha de acesso ao banco na internet. Com essas informações, o criminoso pode roubar o dinheiro que estiver na conta.

- **Pedofilia**: Apresentar, produzir, vender, fornecer, divulgar ou publicar imagens (fotos ou vídeos) de conteúdo sexual envolvendo crianças ou adolescentes na internet é crime, segundo o art. 241 do ECA – Lei n. 8.069/1990.
- **Pirataria**: É copiar ou reproduzir músicas, livros e outras criações artísticas sem autorização do autor. Também é pirataria usar *software* vendido por uma empresa, mas que o usuário instala sem pagar por ele. A pirataria é um grande problema para quem produz CDs, filmes, livros e *software*.
- **Spyware**: É o programa de computador que pega informações sobre o usuário automaticamente e transmite esses dados para outro lugar na internet sem aviso ou permissão. Pode identificar os hábitos dos usuários na internet, os *sites* visitados etc.
- **Stalking behavior**: Perseguição em que a vítima tem sua privacidade invadida várias vezes e de diversas maneiras – por exemplo, pode ser perseguida por alguém que insiste em mandar *e-mails* ou mensagens nas redes sociais das vítimas.
- **Vírus**: São pragas virtuais que invadem o computador prejudicando o desempenho da máquina. Os vírus também podem roubar dados pessoais como senhas de *e-mail* e conta bancária.

Fonte: Elaborado com base em GVT, 2009, 2010.

Os alunos precisam ficar atentos a qualquer comportamento suspeito, não devem revelar segredos a pessoas estranhas e muito menos manter uma relação com pessoas que sejam suspeitas ou se mostrem ameaçadoras. A criança e o adolescente devem ser **orientados a procurar um adulto** – seus pais, professores ou outra pessoa em quem confiem – e denunciar situações estranhas, jamais agindo sozinhos.

Precisamos garantir nossa proteção na internet, e a proteção de crianças e jovens também. O ideal é manter o computador em local de uso comum, onde os adultos circulam o tempo todo e, assim, podem acompanhar o que está sendo feito na internet. Mas, antes, é preciso garantir que o usuário menor de idade respeite as regras impostas pela família.

A má conduta de alunos na *web* é um assunto sério, que gera conflitos graves que podem chegar à escola (quando não começam nela). Mesmo que a conduta do aluno seja adequada e correta em sala, muitas vezes, no mundo virtual, o comportamento do mesmo aluno deixa de ser exemplar – não é incomum um aluno com essa característica cometer um crime virtual sem saber que está fazendo isso.

Nesse sentido, é preciso mostrar para as crianças e os jovens como devem se comunicar no mundo virtual, para que não sejam inoportunos e não invadam a liberdade do outro.

Portanto, os educadores têm a obrigação de observar constantemente a conduta dos alunos – assim como é obrigação dos pais ou responsáveis, pois é em conjunto que a educação se torna mais forte.

Capítulo cinco

Justiça restaurativa

Tendo conhecimento do que é bullying e cyberbullying, trataremos, agora, da justiça restaurativa, uma nova forma de pensar e agir sobre o que apresentamos nos capítulos anteriores sobre crimes e conflitos.

A sua principal característica está no fato de que vai além dos danos causados por uma infração: sua visão é restaurativa, assim como suas práticas, e é por meio delas que as pessoas envolvidas têm a oportunidade de rever e avaliar as causas e consequências para que danos sejam evitados.

Ela se resume em práticas de resolução de conflitos, possibilitadas pela promoção de encontro entre os envolvidos. Isso transforma a ofensa e o dano em um ponto de partida para o diálogo e a mudança no relacionamento, rearticulando os direitos, deveres e responsabilidades dos indivíduos.

O ponto inicial e básico da justiça restaurativa diz respeito a organizar encontros com as pessoas que estão vivendo os conflitos, nos quais serão recebidas por profissionais treinados para esse fim, que mediarão os aspectos materiais e emocionais da infração e facilitarão a comunicação e o diálogo nas questões mais difíceis. Seu objetivo é procurar seguir um **caminho seguro**, para alcançar a harmonia nas relações e promover a cultura da paz na sociedade.

De forma estruturada, a justiça restaurativa apresenta um **conjunto de princípios ordenados**, com técnicas e ações para solucionar conflitos, cujo foco está em todos os envolvidos no crime, numa busca por reparação e mudança de conduta para o futuro. Assim, promovê-la significa adotar mecanismos capazes de transformar uma situação trágica em uma nova oportunidade de vida social e de relacionamento.

Segundo Howard Zehr (2008), as experiências iniciais sobre a justiça restaurativa ocorreram em Ontário, no Canadá, nos anos 1970, em estabelecimentos prisionais americanos, com a perspectiva de resolver conflitos. Já a teoria sobre esse tipo de justiça foi sendo construída a partir da década de 1980.

Atualmente, a justiça restaurativa tem avançado para obter o reconhecimento de suas práticas em diferentes dimensões, interligando-se à comunidade em geral e aos Poderes Judiciário, Executivo e Legislativo.

Considera-se, nessa justiça, que a pessoa que causa dor e dano não deve ser descartada da sociedade e, por isso, é necessário trabalhar com empatia com cada um dos envolvidos, fazendo-os experimentar estar no lugar do outro e ouvir o outro.

5.1 Justiça restaurativa no mundo

Em **Zwelethemba**, localizada na África do Sul, próximo à cidade do Cabo, a justiça restaurativa é praticada por meio das **Comissões de Verdade e Reconciliação** (CVR). Os fatos violentos vividos pela população não podem ser simplesmente anistiados, pois o sistema convencional não daria conta de processar eficazmente todos os culpados, nem as respostas punitivas trariam a satisfação e a pacificação social necessária. É por isso que essas comissões foram criadas, para funcionar como uma espécie de anistia. As decisões ocorrem mediante reuniões públicas, que funcionam como verdadeiros júris populares, nos quais se decide se o ofensor será perdoado ou se deverá ser processado pelas vias punitivas tradicionais.

Em 1990, surgiram os Comitês da Paz, cujos objetivos dizem respeito à identificação do que denominavam *raiz do problema*. Auxiliados por facilitadores, ofensor e ofendido são ouvidos separadamente pela comunidade dos compadecentes e, ao final, se estabelece uma discussão visando à melhor compreensão do problema e à construção de um acordo.

Já nos **Estados Unidos**, a justiça restaurativa é chamada de *mediação vítima-ofensor*. A mediação* se desenvolve em um encontro presencial entre a vítima e o ofensor previamente preparado e conduzido por uma terceira pessoa, que deve manter neutralidade em relação aos envolvidos. Esse terceiro pode ser um profissional ou uma pessoa que dirija um diálogo no qual a vítima e o ofensor compartilhem informações sobre o ocorrido e reflitam sobre como isso os afetou. A mediação tem como objetivo a celebração de um acordo para definir a reparação dos danos, que pode ser ajustada de forma material (uma indenização, por exemplo) ou simbólica (como um pedido de desculpas).

De características bastante pragmáticas e funcionais, os modelos de mediação se tornaram muito utilizados em programas norte-americanos e também em grande parte dos países europeus.

---

* É um procedimento não adversarial no qual o terceiro, neutro, ajuda as partes a negociarem para chegar a um resultado reciprocamente aceitável (Azevedo, 2005).

Estes são os princípios da mediação:
- liberdade das partes;
- não competitividade;
- poder de decisão das partes;
- participação de terceiro imparcial;
- competência do mediador;
- informalidade do processo;
- confidencialidade no processo.

Por meio da mediação, é possível fortalecer a percepção e o modo de lidar com situações de conflito, além de desenvolver e estimular a capacidade criativa para elaborar soluções diante dos vários ambientes sociais.

No **Canadá** se trabalha a justiça restaurativa por meio de Círculos de Construção de Paz, processos que reúnem pessoas cujo desejo é resolver um conflito, reconstruir vínculos, estimular apoio, tomar decisões ou realizar outras ações que englobam a comunicação honesta, o desenvolvimento dos vínculos e o fortalecimento comunitário.

Segundo Brancher, Konzen e Aguinsky (2017),

> A principal característica desses encontros está em que a palavra é colocada à disposição dos presentes de forma sequencial e rotativa. Coloca-se em circulação entre os presentes um objeto ("bastão falador") que passa de mão em mão, e cuja posse autoriza o portador a fazer uso da palavra – único momento em que cada pessoa poderá se manifestar, exceção feita apenas ao coordenador do encontro.

Para realização das atividades dos Círculos de Construção de Paz, é necessário que **três etapas** sejam seguidas. A **primeira** é chamada de *pré-círculo*, momento em que as pessoas que estão dirigindo a atividade precisam conhecer o caso.

A **segunda** etapa é o círculo de fato, no qual as pessoas dialogam de forma aberta, interagem e falam do assunto que as trouxe ali, por mais difícil que seja.

A **terceira** etapa, chamada de *pós-círculo*, é um momento de acompanhamento para colher os resultados. Nessa fase, os envolvidos nas atividades marcam um novo encontro para saber como andam as pessoas e como estão se vendo uma em relação à outra.

Kay Pranis* (2010) propõe vários tipos de círculos, que variam de acordo com cada situação. São eles:

- círculo de celebração;
- círculo de aprendizagem;
- círculos de construção de comunidades;
- círculos de *check-in* e *check-out*;
- círculos de diálogos;
- círculos de cura;

---

* Pranis é consultora em justiça restaurativa e especialista em círculos restaurativos. Foi planejadora de Justiça Restaurativa no Departamento de Correções de Minnesota de 1994 a 2003. Trabalhou por cinco anos como diretora de pesquisa no Conselho de Cidadão de Crime e Justiça. Redigiu e apresentou documentos sobre Círculos Restaurativos e Justiça Restaurativa nos Estados Unidos, Canadá, Austrália e Japão. Desde 1998, realiza treinamentos em Círculos Restaurativos em comunidades, escolas, penitenciárias, empresas, igrejas, entre outros locais.

- círculos de apoio;
- círculos de reintegração;
- círculos de tomada de decisão;
- círculos de conflitos;
- círculos de sentença.

Na **Nova Zelândia**, a conferência de grupos familiares é o formato para as práticas de justiça restaurativa. São estes os tipos de conferências:

- **Casos de proteção**: Para membros da família que objetivam discutir com um assistente social quais necessidades devem ser respondidas para se ter certeza de que a criança ou adolescente estará seguro ou protegido.
- **Casos da Justiça Juvenil**: Para pessoas do grupo familiar. Nesses tipos de casos, o ofensor e a vítima decidem como o adolescente pode ser encorajado para assumir responsabilidades pelo seu comportamento. "As conferências promovidas pela justiça juvenil neozelandesa são conduzidas por um facilitador indicado pela justiça e se destinam a casos de relativa gravidade [...], ou quando o infrator é reincidente" (Brancher; Konzen; Aguinsky, 2017, p. 4).
- **Encontro de Justiça Juvenil**: Composto por apresentações, relato do resumo dos fatos, discussão dos fatos e pelo jovem e sua família. Após saírem dos círculos, os mediadores/facilitadores desenvolvem um plano, decidem, geram recomendações e metas e fazem o fechamento.

- **Acompanhamento**: Todos os participantes recebem uma cópia do plano de trabalho, no qual devem constar os papéis, as responsabilidades e o prazo para cada um realizar a ação. O coordenador é responsável por acompanhar o trabalho.

No **Brasil**, temos a comunicação não violenta (CNV), uma ferramenta estratégica usada principalmente em escolas. A CNV, de acordo com o Instituto de Educação e Ação Social Novidade de Vida (INDV, 2011),

> nos ajuda a resolver conflitos de forma simples e eficaz. É resultado da especialização em Psicologia Social do Dr. Marshall Rosenberg. Ele nos ensina através da CNV a descobrir sentimentos que pulsam em nós por trás das aparências; que nossas ações são baseadas em necessidades humanas que todos buscamos preencher. É uma abordagem específica da comunicação: falar e escutar.

Rosenberg (2006, p. 284) reforça que a comunicação não violenta

> é um processo poderoso para inspirar conexões e ações compassivas. Ela oferece uma estrutura básica e um conjunto de habilidades para abordar os problemas humanos, desde os relacionamentos mais íntimos até conflitos políticos globais. A CNV pode nos ajudar a evitar conflitos, bem como a resolvê-los pacificamente. A CNV ajuda a nos concentrarmos nos sentimentos e necessidades que todos temos, em vez de falarmos e pensarmos segundo rótulos desumanizadores [...].

Esse tipo de comunicação capacita as pessoas para que se envolvam em um diálogo criativo, de modo que elaborem suas próprias soluções satisfatoriamente, baseadas em habilidades de comunicação humana que as aproximam por mais diferentes que sejam entre si.

São quatro os componentes da CNV: **observação**, **sentimento**, **necessidade** e **pedido**. Primeiro, os participantes são incentivados a observar o que move seus sentimentos e depois a tentar compreender o que estão sentindo e as suas necessidades. Por último, os participantes pedem o que precisam.

Por meio da CNV, torna-se mais fácil enxergar com clareza as necessidades das pessoas, para que um único fim seja alcançado: a resolução dos conflitos. Por meio dos temas tratados, essa comunicação proporciona aos envolvidos melhores concentração e comunicação, estabelecendo profundidade na relação e minimizando tais conflitos.

Como veremos mais adiante, o trabalho do educador com o aluno precisa ser de **empatia** e **atenção** ao que ele está passando. O educador precisa, portanto, ouvir sem julgar, buscar saber quais são as necessidades do aluno para então socorrê-lo.

Na CNV, ao conhecerem melhor os próprios sentimentos e emoções, automaticamente, os alunos envolvidos no conflito aprendem a conhecer melhor os outros também, possibilitando que a compaixão natural de cada um sobressaia. Em uma comunicação transparente e clara, é possível perceber a outra pessoa e escutar o que ela tem a dizer.

Com isso, os alunos se tornam capazes de estabelecer uma relação profunda de coleguismos e amizade, minimizando conflitos e violência, inclusive o bullying.

5.2 Processo de comunicação

Ao deixarmos de lado a autoexpressão e prestarmos atenção no que os outros estão observando, sentindo, necessitando e pedindo, entramos na parte do processo de comunicação que chamamos de *empatia*.

Empatia é a compreensão respeitosa do que os outros estão vivenciando. Segundo o filósofo chinês Chuang-Tzu, citado por Rosenberg (2006, p. 133-134),

> a verdadeira empatia requer que se escute com todo o seu ser: Ouvir somente com os ouvidos é uma coisa. Ouvir com o intelecto é outra. Mas ouvir com a alma não se limita a um único sentido – o ouvido ou a mente, por exemplo. Portanto, ele exige o esvaziamento de todos os sentidos. E, quando os sentidos estão vazios, então todo o ser escuta. Então, ocorre uma compreensão direta do que está ali mesmo diante de você que não pode nunca ser ouvida com os ouvidos e compreendida com a mente.

Sabemos que um dos papéis da Justiça é proporcionar a paz social, atendendo o judicial, a escola, a família e a comunidade. No entanto, os meios usados para este fim ainda são tradicionais e repetitivos, se considerarmos as respostas que recebemos automaticamente em nome da Justiça, que são culpa, perseguição e castigo, as quais não trazem a paz que queremos. É por isso que temos de refletir e buscar a verdadeira construção da paz que merecemos.

Segundo Brancher (2014), são dois os tipos de justiça utilizados em nossa sociedade: 1) **justiça retributiva**, isto é, o pagamento pelos danos causados, apontando culpa, perseguição, imposição e castigo; e 2) **justiça restaurativa**, que consiste na reparação do dano causado por meio de responsabilização, encontro e diálogo.

Os valores fundamentais da justiça restaurativa estão pautados em participação, respeito, honestidade, humildade, interconexão, responsabilidade, empoderamento e esperança, e sua conduta de valores éticos inclui responsabilidade social, com ações de construção de uma nova identidade que interrompa as cadeias de reverberação da violência.

Capítulo seis

Círculos restaurativos

A necessidade de se descobrir novas maneiras para solucionar conflitos é grande. Muitas instituições têm procurado práticas eficazes para que haja encontro, diálogo e pacificação entre as pessoas envolvidas nos conflitos. Esses encontros podem acontecer de diversas formas e em diversos locais, como escolas, fóruns, igrejas e demais espaços da comunidade local.

Na perspectiva dos círculos restaurativos, sobre a qual discorreremos neste capítulo, encontramos a oportunidade para resolução de conflitos focados na vida humana, na pessoa que necessita encontrar paz e ter um futuro melhor, que pode rever seus atos e reparar danos que anteriormente pareciam impossíveis de serem corrigidos.

6.1 Círculo como elemento base

O círculo é uma forma de estabelecer uma conexão profunda entre as pessoas, permitindo-lhes que sejam incluídas, e não excluídas do meio no qual vivem. Nesse formato, elas são colocadas sentadas uma ao lado da outra, para simbolizar a participação de todos numa liderança compartilhada, com igualdade, conexão e responsabilidade.

A origem dessa configuração se deu nas antigas tradições indígenas, nas quais as pessoas de uma determinada tribo sentavam-se em círculo para tratar dos problemas locais, e cada um tinha a sua vez para falar e ser ouvido com respeito. Os conflitos eram resolvidos de forma organizada, as decisões eram tomadas claramente e os relacionamentos eram construídos e fortalecidos.

> Em círculo, estabelecemos vínculos por estarmos unidos, congregados para resolver os problemas, com o objetivo de um entendimento mútuo que resultará em relacionamentos fortes, embasados em valores morais e na solidariedade.

Nesse contexto, podemos visualizar a grande aplicabilidade que os círculos restaurativos têm, que se molda a cada perfil de trabalho e ao público que pretende atender, sendo possível utilizá-los em escolas, empresas, comércio em geral, igrejas e até no Poder Judiciário.

Nos encontros nos quais as pessoas participam dos círculos restaurativos, espera-se que todos sejam respeitados, tenham a mesma oportunidade, possam narrar suas histórias e ser ouvidos, de modo que todos, sem exceção, sejam considerados **importantes**. É fundamental que os aspectos emocionais e espirituais de cada indivíduo também sejam respeitados.

As expectativas para a utilização dos círculos restaurativos são de que as pessoas tomem decisões em conjunto e se entendam quanto à divergência ou à discordância, tenham clareza dos atos que resultaram em danos, queiram trabalhar em conjunto e desejem partilhar as dificuldades e aprender uns com os outros.

Há várias motivações e propósitos para que os círculos restaurativos sejam aplicados. Estes são os círculos que poderão ser utilizados, dependendo do estudo levantado sobre a situação de conflito:

- círculos de celebração;
- círculos de aprendizagem;
- círculos de construção de comunidade;
- círculos de diálogo;
- círculos de cura;
- círculos de reintegração;
- círculos de tomada de decisão;
- círculos de conflito;
- círculos de sentenciamento/disciplina;
- círculos de paz.

Nos círculos restaurativos, as palavras proferidas podem conter raiva, frustração, dor, alegria, tristeza, isolamento, solidão, verdade, paradoxos, conflitos, divergências e visões de mundo diferentes e, para tanto, os espaços necessitam ser cuidadosamente preparados para acolher e dar estrutura ao trabalho de forma segura. Nele, as pessoas devem se sentir mais humanas, a fim de poder revelar seus desejos mais profundos, admitir erros, expor medos e agir de acordo com os valores individuais partilhados.

As formas de diálogo em círculos, ou atividades em círculos, podem ser usadas com liberdade pelo mediador, que pode combiná-las com outras técnicas de roda de conversa e utilizar arte, música e movimentos variados, tanto na abertura como no fechamento, o que traz espontaneidade e engajamento para o diálogo.

6.2 Características centrais dos círculos restaurativos

As características centrais dos círculos restaurativos se concentram em desenvolver a consciência e a competência emocionais, buscando a atenção plena dos participantes. Nesse sentido, são estas as principais características:

- **Formato físico:** Todos devem se colocar em círculo para que estejam de frente para os outros – isso cria uma relação de responsabilidade e igualdade entre todos.

- **Liderança partilhada:** Nessa liderança, são determinados os acordos e a realização correta da atividade, e o facilitador assume o comando da ordem e o cumprimento das responsabilidades.

Os círculos levam seus mediadores a planejar e a criar um lugar seguro, para que se desenvolva o diálogo e a construção de paz de modo satisfatório.

As práticas restaurativas realizadas por meio de círculos desenvolvem valores da cultura de paz e podem ser utilizadas em variados espaços de convivência social. Podem, ainda, ajudar crianças, adolescentes e adultos na comunicação e na convivência diárias.

Capítulo sete

Justiça, paz e alegria

Todos temos o desejo de viver numa sociedade de justiça, paz e alegria. O pastor Rogério da Silva Sanches, professor voluntário do Instituto de Educação e Ação Social Novidade de Vida (INDV) em uma de suas aulas sobre princípios fez considerações a respeito de justiça, paz e alegria, do ponto de vista de comportamento, de uma forma simples, trabalhando o perfil do ser humano por meio do respeito e da igualdade.

- **Justiça**: Como valor, prática ou exercício do que é direito – entregar a cada um o que merece. É aquilo que é equitativo ou consensual, adequado e legítimo.
- **Paz**: *Shalom*, em hebraico, sumariamente significa "serenidade, quietude, repouso, fortaleza, fim da hostilidade e das guerras, estar bem e com saúde ou qualidade de vida". Ter paz é restaurar uma relação quebrada, encerrar os conflitos; o fruto da justiça é a paz.
- **Alegria/gozo**: A alegria nos faz amadurecer, nos fortalece, nos faz vencer. Precisamos criar uma boa impressão nas pessoas, fazer com que sorriam. A alegria é expressa por sorrisos.

Sendo assim, precisamos decidir a favor da justiça, da paz e da alegria, para que tudo que desejamos possa de fato acontecer. Vivemos, trabalhamos e estudamos para sermos pessoas de sucesso. E sabemos que podemos ser pessoas melhores a cada dia e contribuir para que a nossa sociedade e nossa nação sejam melhores também.

Os conceitos apresentados pelo professor Pr. Rogério alimentam nossa esperança na busca por uma sociedade melhor. De acordo com eles, é possível reduzirmos atitudes hostis entre as pessoas e proporemos uma restauração, na qual as partes se reconciliem e vivam juntas, numa relação de amor, tolerância e empatia.

> A paz é resultado de uma conduta ética de justiça gerada nos relacionamentos. Somos seres que se relacionam desde a gestação. Comunicamo-nos de vários modos a fim de expressarmos nossa forma de pensar e olhar o mundo.

As relações sociais nos mostram e provam que ninguém se constitui sozinho. Tudo está ligado à relação com o outro (Konzen, 2007). O ser humano desenvolve essas relações desde o nascimento, e a justiça é um valor fundamental nesse processo, pois traduz prudência e temperança, dando sentido às ações humanas.

É comum ocorrerem conflitos em relacionamentos, como divergências de gostos e interesses, na proteção de bens materiais, nas relações de afeto, desejos, sonhos e valores. Esses conflitos são muitas vezes originados pelo confronto entre pessoas, pela ausência de clareza sobre o cenário que estão vivendo e, principalmente, pela falta de discernimento a respeito das normas de convivência.

Devido à necessidade de controle sobre as relações de convivência, muitas regras foram construídas no meio social e, como resultado, surgiram normas e sanções, de forma hierarquizada e de acordo com cada cultura (Brancher; Todeschini; Machado, 2008).

As seguintes normas podem ser visualizadas em nosso cotidiano:

- **Normas informais:** Estabelecem deveres de cordialidade (etiqueta social e profissional, cerimoniais, protocolos).
- **Normas morais:** Estabelecem bons costumes (consideração e respeito pelos pais, pelos educadores e pelos mais velhos).
- **Normas formais:** São regimentos escolares, regras de trânsito, posturas cívicas ou mesmo o direito codificado, que regula relações familiares, patrimoniais, comerciais, de consumo ou decorrentes de ilícitos criminais, por exemplo.

Como compromisso da justiça, entendemos que é necessário conferir se as normas estão sendo cumpridas, uma vez que, ao longo de nosso desenvolvimento humano, essas normas de conduta permitem uma boa convivência entre as pessoas, na busca pelo exercício da cidadania.

Quando a justiça perpassa as instâncias dos relacionamentos sociais, vemos o entendimento das pessoas sobre direitos e deveres e o respeito que têm umas com as outras, e começamos a enxergar uma luz no fundo do túnel. Isso faz com que seja possível acreditarmos que podemos mudar o curso da história, uma história de violência para uma história de paz.

7.1 Escolha ética

Construir a concepção de justiça é uma escolha ética imprescindível na formação de uma sociedade que busca praticar a paz por meio da restauração das relações pessoais e da reparação de danos que possam afetar o presente e o futuro.

Nesse sentido, precisamos propagar uma corrente que resista às diversas modalidades de violência, promovendo reflexões e diálogos sobre temas que falem de justiça e de paz. Essas mudanças não acontecerão rapidamente, pois serão paulatinas, que reformulam o nosso modo de perceber e encarar a resolução de conflitos.

Precisamos mudar nosso olhar sobre justiça, percebendo que há uma nova forma de vê-la, além de caminhos alternativos para que possamos restaurar os relacionamentos, resolver os conflitos, reparar os danos e fazer com que os envolvidos tenham suas relações de paz retomadas (Zehr, 2008).

7.2 Paz como resultado da obra da justiça

Podemos considerar, de acordo com o Centro de Direitos Humanos e Educação Popular de Campo Limpo (CDHEP, 2011), que a reconciliação é o ponto de chegada do processo de paz, um trabalho amplo, que envolve força, esperança e boa vontade.

No envolvimento com o trabalho de reconciliação, é preciso levar as pessoas ao início do conflito, para que seja explicitado de que maneira as relações se desfizeram. Esse processo é doloroso, pois é feito o resgate das verdades dos fatos. E quanto mais o tempo passa, mais o conflito ganha força, e os enganos que percorrem a mente dos envolvidos alimentam a raiva e o rancor da situação não resolvida.

Nesse envolvimento, conseguimos apresentar à pessoa envolvida um novo futuro, uma vida plena, sem perseguições e sofrimentos – uma vida de paz e alegria. Quando nos alegramos, expressamos prazer e gozo pela vida, sorrimos e nos desenvolvemos de modo pleno, tanto pessoalmente como com aqueles que estão ao nosso redor (Freitas-Magalhães, 2006).

Capítulo oito

Escolas restaurativas*

Sabemos que há esforços por todo o mundo para que possamos construir um mundo melhor, de paz e justiça, no qual

* *Escolas restaurativas* é uma expressão utilizada para as ações realizadas em escolas que se valem da justiça restaurativa como ferramenta.

os conflitos e as situações de violência, que vêm tomando lugar da educação, da saúde e da liberdade, sejam dominados e trabalhados no resgate da integridade física e moral do ser humano.

Procurar culpados pela situação da violência não traz soluções. Precisamos reconhecer que faltam políticas públicas que deem suporte aos segmentos da sociedade responsáveis pela educação, saúde e pelo social. Não desejamos apenas reverter o quadro de violência, mas queremos construir uma geração pautada numa cultura de paz, amparada e acolhida por uma justiça que transforme vidas, uma justiça que se una à educação.

Ao pensar numa nova proposta de justiça, a justiça restaurativa e a educação se uniram para construir uma forma de lidar com as questões conflitantes nas escolas que envolvem condutas de violência.

> Um projeto que reúne justiça e educação pode ampliar a cultura de paz, desde que o diálogo, uma ferramenta forte, de solução pacífica de conflitos, responsabilização e respeito à vida, esteja presente.

A justiça restaurativa tem ganhado força no combate ao bullying e cada vez mais temos acompanhado resultados positivos, com índices de violência cada vez menores. Os profissionais que estão colocando essa teoria de combate e prevenção em prática procuram entender a versão de cada envolvido em um conflito, e não apenas punir os autores e ofensores. Segundo Monica Mumme (citada por Borges, 2012), coordenadora do Núcleo de Educação para Paz do Centro de Criação de Imagem Popular (Cecip), "Quando uma pessoa é punida, normalmente não é convidada a fazer o exercício de reconstrução daquela relação".

8.1 Justiça restaurativa nas escolas

Educar exige um esforço de todos nós, além de compromisso sério, para uma sociedade responsável que reconheça seu potencial individual e o valorize, e que ao mesmo tempo saiba viver e conviver coletivamente observando a si e ao outro.

O caminho de construção da valorização humana consiste no **respeito aos sentimentos, necessidades** e **desejos individuais,** prática que a justiça restaurativa realiza.

Podemos ver, nas práticas restaurativas três perspectivas básicas: a reparação de dano, o envolvimento das partes interessadas e a transformação das pessoas, da comunidade e do governo (Van Ness; Strong, 2002).

Na aplicação da justiça restaurativa, são alcançadas respostas para uma possível mudança de comportamento, a qual envolve participação, respeito, honestidade, humildade, interconexão, responsabilidade e esperança.

8.2 Círculos de Construção de Paz na escola

Os Círculos de Construção de Paz na escola consistem na prática de reunir os alunos (ou outras pessoas envolvidas) em alguma temática que foi observada a necessidade de uma conversa, para que juntos discutam os pontos e vejam a melhor forma de conviverem com respeito.

Como vimos anteriormente, os processos circulares foram estruturados por **Kay Pranis** (2010), especialista e instrutora de Círculos de Construção de Paz e Justiça Restaurativa e autora de várias obras sobre o assunto, com o objetivo de estabelecer ligações mais amorosas entre as pessoas. Esses processos são usados atualmente em várias escolas por todo o país. Neles é possível reconhecer que todos precisam de ajuda e que, ajudando os outros, estamos nos ajudando mutuamente e sendo beneficiados pela sabedoria de todos envolvidos no círculo.

Nesse processo, os talentos são valorizados e, sempre que possível, transformados em oportunidade, ou seja, novos projetos, criação de arte, convivência lúdica e protagonismo do aluno.

Sempre que decisões precisam ser tomadas, os círculos podem ser usados, para que o acordo surja de forma organizada, ou quando as pessoas desejam trabalhar em grupo, celebrar, compartilhar dificuldades e aprender uns com os outros. Há nesses espaços força suficiente para conter raiva, frustração, alegria, dor, verdade, conflito, visões de mundos diferentes, sentimentos fortes, silêncio e paradoxos.

8.2.1 Como funcionam os Círculos de Construção de Paz?

O espaço físico para que os círculos sejam realizados podem atender ao modelo que os idealizadores desejarem, desde que sigam algumas premissas: os alunos precisam ser colocados em círculos e eleger um objeto para ser chamado de *objeto de fala*, ou seja, terá a vez da fala quem estiver com o objeto em mãos, do contrário, não pode falar. A utilização desse objeto diminui o papel do professor de cobrar que prestem atenção no que o colega está falando, pois, o acordo propõe: enquanto um fala, os outros devem ouvi-lo.

Os elementos estruturais que permitem que o círculo funcione são ferramentas usadas pelo facilitador para que todo o processo corra de forma correta, respeitosa e alimente os relacionamentos. São eles, segundo Pranis (2011):

- **Orientações:** Momento no qual as atividades são construídas em conjunto, levando à responsabilidade partilhada.
- **Bastão da fala:** O bastão é um objeto qualquer escolhido pelo grupo, que passa de pessoa para pessoa, seguindo a ordem em que cada uma está sentado no círculo. A pessoa com o objeto tem a vez da fala e a atenção de todos. A escuta qualificada e a fala respeitosa criam segurança para que as pessoas possam expressar verdades, por mais difícil que seja fazê-lo.
- **Cerimônia:** Momento no qual ocorrem dinâmicas, vídeos e reflexões motivacionais para descontrair e chamar a atenção dos participantes.
- **Partilha de histórias:** Período em que pessoas são convidadas a compartilhar partes da vida relevantes para os objetivos do círculo. O "contar histórias" é uma ferramenta poderosa para transformar relacionamentos, pois envolve o coração (sentimentos) e o espírito, fato que em outras situações não ocorreria.

- **Guardião/facilitador:** Esse é o papel do professor, cuja responsabilidade é zelar pelo bom andamento da atividade.
- **Tomada de decisão consensual:** Parte muito importante, na qual as decisões devem ser consensuais; todos devem apoiar e viver a decisão tomada, mesmo que não seja a decisão ideal para todos. As decisões consensuais são mais fáceis de ser implementadas, porque todos se empenham em fazer cada decisão funcionar.

Os Círculos de Construção de Paz têm representado uma ferramenta pedagógica eficiente de combate ao bullying e à violência, por se tratar de um espaço no qual a pessoa se sente segura e valorizada. Nele, ela aprende a discutir as opiniões sinceras que ouve de dentro de si, do mais profundo e verdadeiro sentimento.

Além disso, os círculos podem se unir ao currículo existente na escola, uma vez que amplia a visão de combate à violência, estimulando os alunos a falarem sobre suas perseguições e sofrimentos. Assim, eles aprenderão mutuamente com os desafios e conquistas dos colegas.

São infinitas as ações que podemos realizar com os Círculos de Construção de Paz nas escolas. Por meio dessa ferramenta, as próximas gerações terão a oportunidade de transmitir conhecimento de forma saudável e tranquila, sem a sombra da dor e do sofrimento, e serão levadas a solucionar problemas de forma reflexiva, criativa e, acima de tudo, pacífica.

Considerações finais

Ao final da leitura desta obra, gostaríamos de manifestar aqui o nosso desejo de que os educadores tenham o compromisso de promover e desenvolver uma educação para a paz nas escolas. Uma escola onde as pessoas tenham desejo de justiça, respeito e disciplina, sem sentimento de vergonha ou culpa. Uma escola que busque o sentido de se doar sem esperar receber algo em troca.

Que ao nos depararmos com o bullying, o cyberbullying ou qualquer outro tipo de violência na escola, possamos nos lembrar de que não devemos fazer com o outro o que não queremos que façam conosco, que precisamos respeitar para sermos respeitados e que devemos transmitir esses ensinamentos a nossos alunos, filhos, amigos e demais pessoas com as quais convivemos.

Nas relações escolares, quando falamos de respeito entre as pessoas, falamos de respeito mútuo e, nesse caso, o medo do aluno pode ser o de não fazer parte de um grupo, de ser ameaçado, de não ser recebido com afeto e amor.

Essas relações interpessoais conflitantes se estendem para além das relações escolares, indo para a família, para o clube, para a igreja. Esses conflitos estão por toda parte, e nossas crianças cada vez mais precisam ser notadas e ouvidas, pois todos merecemos ser valorizados.

Quanto mais defendermos que respeito é um sentimento, mais precisaremos avaliar como anda nossa conduta com o próximo e o que sentimos com relação a ele, não esquecendo que precisamos nos respeitar e gostar de quem somos também, para conseguirmos enxergar o outro que está à nossa frente.

Incentivar as relações e o cooperativismo na escola são algumas das maneiras de se chegar à resolução de conflitos e ao combate ao bullying. Valorizar as habilidades e competências e rever os níveis de comunicação entre os pares são aspectos que a escola precisa avaliar nos trabalhos em sala de aula na prevenção contra a violência escolar.

A autoimagem não está ligada somente à consciência que as pessoas têm de si ou ao que parecem ser, mas a quem de fato elas são, numa dimensão afetiva com o universo que se vive e com as relações que são mantidas.

Com a valorização da pessoa que podemos ser, nossas relações se tornam toleráveis e possíveis de acontecer de forma saudável e respeitosa. Se houver admiração, o medo de não fazer parte de um grupo começa a se distanciar e o amor começa a tomar seu lugar novamente. Amor pela vida, amor pelo próximo, amor pelo que é e pelo que se tem.

A paz que buscamos nas escolas está ligada ao sentimento de respeito e à conduta ética. Desse modo, é possível valorizarmos nossa posição na sociedade e transformar o meio em que vivemos em um lugar melhor, vendo no próximo a possibilidade de conviver em paz.

Combater o bullying é ir além de conteúdos e ensinamentos; diz respeito a educar as crianças e os jovens para uma cultura de paz, criando uma harmonia entre ensino e aprendizado. O início de uma cultura harmoniosa, de convivência saudável, está em nos colocarmos no lugar do outro e imaginarmos como nos sentiríamos se estivéssemos no lugar dele.

Nesse sentido, a escola deve admitir que o bullying existe, sim, mas que não aceitará essa prática, e que praticar a não violência, o respeito, a empatia e a valorização humana pode ser prazeroso, um momento no qual todos podem aprender e se alegrar.

Na formação dos alunos, desejamos uma conduta de combate a qualquer forma de intolerância, discriminação, preconceito e violência. Que os alunos sintam-se encorajados e convidados a aprender, pois percebemos melhor o que nos é ensinado quando sentimos prazer em aprender.

Referências

21 PERGUNTAS e respostas sobre bullying. **Revista Nova Escola**, ago. 2009. Disponível em: <http://novaescola.org.br/formacao/bullying-escola-494973.shtml>. Acesso em: 3 maio 2017.

AQUINO, J. G. (Org.). **Diferenças e preconceito na escola**: alternativas teóricas e práticas. São Paulo: Summus, 1998.

ARAÚJO, U. F. de. Respeito e autoridade na escola. In: AQUINO, J. G. (Org.). **Autoridade e autonomia na escola**: alternativas teóricas e práticas. São Paulo: Summus, 1999. p. 31-48.

ARAÚJO, U. F. de. **Um estudo da relação entre o "ambiente cooperativo" e o julgamento moral na criança**. 208 f. Dissertação (Mestrado em Educação) – Faculdade de Educação, Universidade Estadual de Campinas, Campinas, 1993.

AZEVEDO, A. G. de. O componente de mediação vítima-ofensor na Justiça Restaurativa: uma breve apresentação de uma inovação epistemológica na autocomposição penal. In: SLAKMON, C.; DE VITTO, R. C. P.; PINTO, R. S. G. (Org.). **Justiça restaurativa**: coletânea de artigos. Brasília: MJ; Pnud, 2005. p. 135-162. Disponível em: <http://www.dhnet.org.br/dados/livros/dh/livro_sedh_justica_restaurativa.pdf>. Acesso em: 3 maio 2017.

BABEL JUNIOR, R. J.; AGUIAR JUNIOR, N. da S.; SILVA, G. P. da. Prevenção de lesões e benefícios da prática da corrida. **EFDeportes.com**, Buenos Aires, año 14, n. 132, mayo 2009. Disponível em: <http://www.efdeportes.com/efd132/prevencao-de-lesoes-e-beneficios-da-pratica-de-corrida.htm>. Acesso em: 3 maio 2017.

BASILIO, A. L. Bullying escolar: como reconhecê-lo? **Net Educação**, 1º jun. 2011. Disponível em: <http://neteducacao.com.br/noticias/home/bullying-escolar-como-reconhece-lo>. Acesso em: 3 maio 2017.

BORGES, T. Justiça restaurativa ajuda a resolver conflitos na escola. **Justiça Restaurativa em Debate**, 21 jan. 2012. Disponível em: <http://justicarestaurativaemdebate.blogspot.com.br/2012/01/justica-restaurativa-ajuda-resolver.html>. Acesso em: 3 maio 2017.

BRANCHER, L. N. Cidadão sem nome, cidade sem lei. **Revista APPOA**, Porto Alegre, 1997. Disponível em: <http://justica21.web1119.kinghost.net/arquivos/bib_208.pdf>. Acesso em: 3 maio 2017.

BRANCHER, L. N. (Coord.). **A paz que nasce de uma nova justiça**: 2012-2013 um ano de implantação da justiça restaurativa como política de pacificação em Caxias do Sul. Porto Alegre: TJRS, 2014. Disponível em: <http://www1.tjrs.jus.br/export/processos/conciliacao/doc/A_Paz_que_Nasce_de_uma_Nova_Justica.pdf>. Acesso em: 3 maio 2017.

BRANCHER, L. N.; KONZEN, A.; AGUINSKY, B. **Módulo IX**. Curso. Disponível em: <http://www.tjmg.jus.br/data/files/EA/A5/8F/40/904B8310D9451883180808FF/MODULO_IX.pdf>. Acesso em: 3 maio 2017.

BRANCHER, L. N.; TODESCHINI, T. B.; MACHADO, C. **Iniciação em justiça restaurativa**: formação de lideranças para a transformação de conflitos. Porto Alegre: Ajuris, 2008.

BRASIL. Constituição (1988). **Diário Oficial da União**, Brasília, DF, 5 out. 1988. Disponível em: <http://www.planalto.gov.br/ccivil_03/constituicao/constituicao.htm>. Acesso em: 3 maio 2017.

_____. Lei n. 8.069, de 13 de julho de 1990. **Diário Oficial da União**, Poder Legislativo, Brasília, DF, 16 jul. 1990. Disponível em: <http://www.planalto.gov.br/ccivil_03/leis/L8069.htm>. Acesso em: 3 maio 2017.

BRASIL. Ministério da Educação. Secretaria de Educação Fundamental. **Parâmetros Curriculares Nacionais**:

apresentação dos temas transversais – ética. Brasília, 1997. Disponível em: <http://portal.mec.gov.br/seb/arquivos/pdf/livro081.pdf>. Acesso em: 3 maio 2017.

BUEST, L. H. **Conferência Nacional da Educação Básica**. Brasília, 2008. Palestra.

CDHEP – Centro de Direitos Humanos e Educação Popular de Campo Limpo. **A arte de viver e conviver**: Escola de Perdão e Reconciliação. São Paulo, 2011. Disponível em: <http://www.comitepaz.org.br/download/88%20fórum.ppt>. Acesso em: 3 maio 2017.

CEATS – Centro de Empreendedorismo Social e Administração em Terceiro Setor. **Bullying escolar no Brasil**: relatório final. São Paulo: Ceats/FIA, 2010.

CHALITA, G. **Pedagogia da amizade**: bullying – o sofrimento das vítimas e dos agressores. São Paulo: Gente, 2008.

_____. **Pedagogia do amor**. São Paulo: Gente, 2003.

CHAPMAN, G. **As cinco linguagens do perdão**. São Paulo: Mundo Cristão, 2011.

CODO, W.; GAZZOTTI, A. A. Trabalho e afetividade. In: CODO, W. (Coord.). **Educação**: carinho e trabalho. Petrópolis: Vozes; Brasília: CNTE/LPT, 1999. p. 38-51.

DUE, P. et al. Bullying and Symptoms among School-Aged Children: International Comparative Cross Sectional Study in 28 Countries. **European Journal of Public Health**, Oxford, v. 15, p. 128-132, 2005.

FANTE, C. **Fenômeno bullying**: como prevenir a violência nas escolas e educar para a paz. São Paulo: Verus, 2005.

FANTE, C. **Campanha aprender sem medo**. São Luís: Fábrika Comunicação; Unigraf, 2010.

FARIELLO, L. Aprovada resolução para difundir a justiça restaurativa no Poder Judiciário. **Agência CNJ de Notícias**, 31 maio 2016. Disponível em: <http://www.cnj.jus.br/noticias/cnj/82457-aprovada-resolucao-para-difundir-a-justica-restaurativa-no-poder-judiciario-2>. Acesso em: 3 maio 2017.

FELIZARDO, A. R. **Bullying**: o fenômeno cresce! Violência ou brincadeira? São Paulo: Melo, 2011.

____. **Cyberbullying**: difamação na velocidade da luz. São Paulo: Willem Books, 2010.

____. Educação: bullying escolar. **Revista Versátil**, São Paulo, v. 3, n. 16, p. 6-7 mar. 2010.

FREITAS-MAGALHÃES, A. **A psicologia do sorriso humano**. Porto: Edições Universidade Fernando Pessoa, 2006.

GOMES, M. M. O bullying escolar no Brasil. **Brasil Escola**. Disponível em: <http://meuartigo.brasilescola.uol.com.br/educacao/o-bullying-escolar-no-brasil.htm>. Acesso em: 3 maio 2017.

GVT – Global Village Telecom. **Guia para o uso responsável da Internet**. 2009. v. 2. Disponível em: <http://portaldoprofessor.mec.gov.br/storage/materiais/0000013575.pdf>. Acesso em: 3 maio 2017.

____. **Guia para o uso responsável da Internet**. 2010. v. 3. Disponível em: <http://www.bibliacs.com/material/cartilha_gvt_criancas.pdf>. Acesso em: 3 maio 2017.

INDV – Instituto de Educação e Ação Social Novidade de Vida. **Projeto educadores**: curso de capacitação em justiça restaurativa. 23 ago. 2011. Disponível em: <http://www.institutondv.com.br/2011/08/projeto-educadores-curso-de-capacitacao-em-justica-restaurativa>. Acesso em: 3 maio 2017.

KONZEN, A. A. **Justiça restaurativa e ato infracional**: desvelando sentidos no itinerário da alteridade. Porto Alegre: Livraria do Advogado, 2007.

LEÃO JUNIOR, C. M. Educação física no ensino fundamental. **Psicopedagogia On Line**, 24 fev. 2015. Disponível em: <http://www.psicopedagogia.com.br/new1_artigo.asp?entrID=1801#.V21MUfkrLIX>. Acesso em: 24 jun. 2016.

LOPES NETO, A. A. Bullying: comportamento agressivo entre estudantes. **Jornal de Pediatria**, Porto Alegre, v. 81, n. 5, p. 164-172, nov. 2005. Disponível em: <http://www.scielo.br/scielo.php?script=sci_arttext&pid=S0021-75572005000700006&lng=en&nrm=iso>. Acesso em: 3 maio 2017.

LOPES NETO, A. A.; SAAVEDRA, L. H. **Diga não para o bullying**: Programa de Redução do Comportamento Agressivo entre Estudantes. Rio de Janeiro: Abrapia, 2003.

LÜCK, H. **Metodologia de projetos**. Petrópolis: Vozes. 2005.

MASSAROLLO, M. A. B. **O direito eletrônico e cyberbullying**. 1o jan. 2011. Disponível em: <http://www.direitonet.com.br/artigos/exibir/6137/O-Direito-Eletronico-e-cyberbullying>. Acesso em: 3 maio 2017.

MAXWELL, G. A Justiça Restaurativa na Nova Zelândia. In: SLAKMON, C.; DE VITTO, R. C. P.; PINTO, R. S. G. (Org.). **Justiça restaurativa**: coletânea de artigos. Brasília: MJ; Pnud, 2005. p. 281-296. Disponível em: <http://www.dhnet.org.br/dados/livros/dh/livro_sedh_justica_restaurativa.pdf>. Acesso em: 3 maio 2017.

MORAIS, R. de. **Violência e educação**. Campinas: Papirus, 1995.

NOGUEIRA, N. R. **Pedagogia dos projetos**: etapas, papéis e atores. São Paulo: Érica, 2005.

_____. **Pedagogia dos projetos**: uma jornada interdisciplinar rumo ao desenvolvimento das múltiplas inteligências. 5. ed. São Paulo: Érica, 2004.

_____. **Temas transversais**: reflexões e práticas rumo a uma nova educação. São Paulo: Érica, 2002.

NOGUEIRA, S. D. **Crimes de informática**. São Paulo: BH, 2009.

NONATO, K. **Paz nas escolas**: formação é o caminho. 17 abr. 2008. Disponível em: <http://portal.mec.gov.br/ultimas-noticias/211-218175739/10349-sp-1784255388>. Acesso em: 3 maio 2017.

OLWEUS, D. **Aggression in the Schools**: Bullies and Whipping Boys. Washington: Hemispheres; New York: Halsted Press, 1978.

_____. **Bullying at School**: What We Know and What We Can Do. Malden: Blackwell, 1993.

PELIZZOLI, M. (Org.). **Cultura de paz**: restauração e direitos. Recife: Ed da UFPE, 2010.

PEREIRA, B.; NETO, C.; SMITH, P. Os espaços de recreio e a prevenção do bullying na escola. In: NETO, C. (Org.). **Jogo e desenvolvimento da criança**. Lisboa: Edições FMH, 1997. p. 239-258.

PIAGET, J. **Intelligence and Affectivity**: their Relationship during Child Development. Palo Alto: Annual Reviews, 1981.

PINTO, R. S. G. A construção da justiça restaurativa no Brasil. **Revista Jus Navigandi**, Teresina, ano 12, n. 1.432, 3 jun. 2007. Disponível em: <https://jus.com.br/artigos/9878>. Acesso em: 3 maio 2017.

_____. Justiça restaurativa é possível no Brasil? In: SLAKMON, C.; DE VITTO, R. C. P.; PINTO, R. S. G. (Org.). **Justiça restaurativa**: coletânea de artigos. Brasília: MJ; Pnud, 2005. p. 19-40. Disponível em: <http://www.dhnet.org.br/dados/livros/dh/livro_sedh_justica_restaurativa.pdf>. Acesso em: 3 maio 2017.

PRANIS, K. **Círculos de justiça restaurativa e de construção de paz**: guia do facilitador. Tradução de Fátima De Bastiani. Porto Alegre: TJRS, 2011.

_____. Processos circulares. São Paulo: Palas Athenas, 2010.

RAMOS, E. F. Violência escolar e bullying: o papel da família e da escola. **Brasil Escola**. Disponível em: <http://meuartigo.brasilescola.uol.com.br/administracao/violencia-escolar-bullying-papel-familia-escola.htm>. Acesso em: 3 maio 2017.

ROSENBERG, M. B. **Comunicação não violenta**: técnicas para aprimorar relacionamentos pessoais e profissionais. São Paulo: Agora, 2006.

SÃO PAULO (Estado). Secretaria da Educação. **Música e contação de histórias são utilizadas para abordar bullying em aulas de artes**. 21 jun. 2013. Disponível em: <http://www.educacao.sp.gov.br/noticias/projeto-encantadores-musica-e-contacao-de-historias-sao-utilizadas-para-abordar-bullying-em-aulas-de-artes>. Acesso em: 3 maio 2017.

SILVA, E. da. Combatendo o bullying de frente. **Revista Gestão Educacional**, Curitiba, v. 7, n. 73, p.12-14, jun. 2011. Entrevista.

_____. **Corredores de justiça**: combatendo a prática do bullying nas escolas, educando uma sociedade para a paz. Edição do autor. São Paulo: [s.n.], 2009.

SILVA, O. J. P. e. **Vocabulário jurídico**. 11. ed. Rio de Janeiro: Forense, 1989. v. 4.

STADLER, P.; MARTINS, M. de S. Bullying: desvendando um conceito. In: CONGRESSO NACIONAL DE EDUCAÇÃO, 10., 2011, Curitiba. **Anais**... Curitiba: PUCPR, 2011. p. 3833-3845. Disponível em: <http://educere.bruc.com.br/CD2011/pdf/5508_2810.pdf>. Acesso em: 3 maio 2017.

VAN NESS, D. W.; STRONG, K. H. **Restoring Justice**. Cincinatti: Anderson Publishing Co., 2002.

ZEHR, H. **Trocando as lentes**: um novo foco sobre o crime e a justiça. São Paulo: Palas Athena, 2008.

Sobre a autora

Elenice da Silva é pedagoga, psicopedagoga, especialista em Ética, Valores e Cidadania na Escola pela Universidade de São Paulo (USP), escritora, conferencista, palestrante e assessora pedagógica em treinamentos e cursos de capacitação e desenvolvimento humano em escolas, organizações não governamentais (ONGs) e empresas. É facilitadora de justiça restaurativa pela Escola Superior de Magistratura (Ajuris) de Porto Alegre, com fundamentação na JR21; professora de Ética e Cidadania Organizacional no Centro Paula Souza, da Escola Técnica Estadual (Etec); idealizadora dos projetos

Seja um Voluntário e Encontro: Círculos de Construção de Paz; líder do Programa Ágape para Mulheres (PAM), em Itapecerica da Serra (SP) e coordenadora do Núcleo de Palestra e Capacitação da Faglioni Cursos e Treinamentos. É dela a obra *Corredores de justiça: combatendo o bullying nas escolas, educando uma sociedade para a paz.*

Os papéis utilizados neste livro, certificados por instituições ambientais competentes, são recicláveis, provenientes de fontes renováveis e, portanto, um meio responsável e natural de informação e conhecimento.

FSC
www.fsc.org
MISTO
Papel produzido
a partir de
fontes responsáveis
FSC® C103535

Impressão: Reproset
Setembro/2021